U0060563

慢慢來，不要急，
生活出了難題，
也終有一天會給出答案。

長大以後
就會變好嗎?

破解25種心靈困境

KnowYourself 主創們　著

目錄

Chapter 2

你也在假裝自己是情緒穩定的大人嗎

Chapter 3 無法逃避長大的我們

各界推薦

「曾經以爲『長大』就是被迫面對一系列無以名狀的挫折。有些人選擇面對；有些人選擇逃避；有些人嘗試找出挫折背後的脈絡和原因；有些人找不到重新開始的勇氣。往往我們的『學識』與『肉體』長大了，『心理』卻還留在惶惑不安的青少年時期。

這是一本教你陪伴自己的內心『好好長大』的書，用更有邏輯、更清楚的方式看待愛，經營愛及失去愛，管理人生錯綜複雜的情緒與壓力。我們不是彼得潘，怎樣長大，人生才會越來越好呢？就讓本書來幫你解惑吧！」——知名 YouTuber／SKimmy 你的網路閨蜜

「成長是你人生道路必經的過程，面對、接受、戰勝，也許那些困擾你的，這本書會給你解答。」——作家／yoyo

「這本書的作者們，是我一直以來追蹤的作者群，總是淺顯易懂的方式，精闢且引經據典地分享心理學知識，我相信你在裡面也可以找到屬於你的共鳴。」——心理學作家／海苔熊

「成年不等於長大，如果你也對自己的『長大』感到茫然，甚至不知所措，這本書將帶著你學會『愛』、學會『長大』！」——發瘋心理師．鄧善庭

「生活的難題，不會因爲成年而自然消失，本書精闢分析各方研究，並提供實際的方法，幫助你的心靈跟上年齡的腳步。」——諮商心理師、作家／蘇予昕

序

十八至二十五歲——也許是一生中最困難的時候

轉大人的陣痛——充滿不確定的必經之路

我媽媽在我這個年紀時，已經訂婚了。他們那輩人，在這個年紀，對於自己的人生要做些什麼至少已經有了一些想法。而我呢？我還在讀書，讀了兩個沒有什麼就業機會的學系（政治和中文），手指上沒有戒指，不知道我是誰，至於未來想做什麼，更是沒有頭緒……不過，雖然壓力很大，我也必須承認這是一個激動人心的年紀。有時，當我想到遙遠的未來，我能從那種空白中感受到一些其他的東西。我會意識到，前面沒有什麼東西可以讓我依靠，因此我從現在開始不得不依靠自己；我也意識到，沒有任何方向，正意味著我必須創造

出屬於自己的方向。（Kristen，22歲）

上一輩，在十八至二十五歲期間，通常已經完成婚姻／家庭、事業的選擇。對當時的人來說，這只是進入穩定的成人角色的過渡階段。他們很少（或者延後了很多年）體會這世代經歷的掙扎和陣痛。

我們面臨的情形則完全不同——近半個多世紀以來，都市化讓婚姻和生育年齡普遍推遲到了二十五歲以後。在校讀書的時間增長，也是近幾十年來發生的社會變化之一，大學畢業後受更高等教育越來越普遍。成人期該做出的許多承諾和責任都被推遲，而從青春期開始的、人們對於自身角色的探索和實驗則持續開展。

對這世代來說，在成年初顯期，我們對於自身角色的探索要比青春期更加劇烈。十八至三十歲，尤其是十八至二十五歲這個階段，變成了獨特的、與其他階段有著顯著差異的生命階段。

頻繁的變化、對人生可能性的探索，是這個階段最顯著的特徵。到這時期的末端，也就是臨近三十歲時，大部分人都已經做出了對一生有重大影響的人生選擇。研究顯示，當成年人回顧一生中發生哪些最重要的事件時，他們經常追溯到在這個時期的事。

十八至二十五歲既不是青春期，也不是成年早期。在這個階段，人們已經開始擺脫完全的依附狀態，但又還沒有完全承擔起成年人應該承擔的責任。人生許多未知都還在發生，幾乎沒有什麼是確定的，對於自己人生獨立探索的程度之廣闊，是其他階段無法企及的。

心理學家肯尼斯．金尼斯頓（Kenneth Keniston）這樣描述這段時間：這個階段的年輕人身上，存在自我和社會之間的張力，以及對於被完全社會化的拒絕。

一生中最混亂的階段

一九九七年，美國人口普查局的資料顯示，在十二到十七歲，有超過九十五%的人和父母一起居住，超過九十八%的人沒有結婚，只有少於十%的人有孩子，超過九十五%的人在上學，這是十八歲以前的標準化生活模式。

而到了三十歲，另一種標準化的生活模式又會出現：在三十歲以上的人中，超過七十五%的人已經結婚，大約七十五%已經成爲父母，只有不到十%的人還在上學（現在的情況可能已經發生了一些改變）。

在這兩個人生階段之間，尤其是十八至二十五歲，一個人很難從年齡推論出他的狀態。他可能結婚了，也可能沒有；可能還在上學，也可能沒有。這種難以預測展現了這個階段的實驗性特徵。

心理學家傑佛瑞·阿奈特（Jeffrey Jensen Arnett）引用了另一位學者帕森斯（Talcott Parsons）在一九四二年提出的概念：「the roleless role」（完全沒有找到角色的身分）來描述人在成年初顯期的狀態。這個階段裡，他們比較少受到丈夫／妻子、父親／母親這樣的角色身分的限制。而這種無限制的狀態，加深了他們生活狀態的難以預測。

在這個階段，每個人的生活狀態、角色身分是不穩定且混亂的。美國的資料顯示，有大約三分之一的人在高中畢業後進入大學讀書，在大學讀書的這幾年裡，他們過著獨立生活以及繼續依賴父母兩方面狀態混合在一起的生活。

例如，他們有時在宿舍或租處裡居住，有時又回家居住。這種狀態被社會學家們稱爲「半自治狀態」，因爲他們承擔部分獨立生活的責任，同時把另外一些責任留給父母和其他成年人。

在成年初顯期，人們離開父母家獨自居住的原因，主要是全職工作和與戀人同居，只有不到十％的男性和三十％的女性一直到婚前都住在家裡。這是搬家次數最頻繁的人生階段。這些變化顯然和這個階段的探索性特徵有關，通常發生在一個階段的探索結束，另一階段探索開始之前（比如結束學業，開始新工作等）。

到了接近三十歲的那幾年，也就是成年初顯期（emerging adulthood）向成年早期（young adulthood）過渡的幾年裡，這種混亂、不穩定的狀態才會緩解。人們通常在二十五至三十歲間，做出對一生有持續影響的決定，比如選擇伴侶、事業等等。

什麼因素能讓人感到自己是成年人

研究顯示，處於成年初顯期的人，主觀感受上也會覺得自己沒有完全成爲成年人。甚至到了二十八、九歲和三十一、二歲，還有接近三分之一的人感覺自己沒有完全進入成年期。大部分人覺得自己在一些方面進入成年期，另一方面還沒有。覺得自己既不像處於青春期，也不像是成年人，他們處於兩者之間。

我們可能會以爲，人們覺得自己沒有完全成年，是受到了前文那些不穩定因素的影響。對年輕人來說，要讓他們在獲得穩定的住所、完成學業、找到事業發展的道路以及結婚（或者至少有一段長期穩定的戀人關係）之前，他們很難覺得自己完全成年。

事實上，這些因素和年輕人的自我認知關係很小。究竟是什麼因素，能夠讓我們覺得我們眞正成年了呢？

研究發現，以下三個特質對我們認爲自己是否成年有著最爲重要的影響：

❶ 接受自己對自己該負起的責任

❷ 獨立地做出決定

❸ 實現經濟獨立

這反映出在成年初顯期的發展重點，成爲一個自給自足的人（a self-sufficient）。只有實現這點之後，才會有主觀感受上的改變。

成爲父母雖然在成年初顯期不太常見，但年輕人一旦成爲父母，就會劇烈影響到他們的主觀體驗，各種探索會立刻被父母的身分所限制。因爲成爲父母之後，他們關注重點會從爲自己負責，轉向爲孩子負責。這個因素大幅縮短年輕人探索、實驗的時間，快速實現主體感覺上的完全成年。

在成年初顯期要完成哪些自我探索

在成年初顯期，會在「愛」「工作」和「世界觀」三個方面完成自我身分的探索。嘗試各種可能後，逐步做出影響持續更久的決定（比如選定事業發展的道路，選定長期的伴侶）。

在愛情方面，美國的青少年通常在十二至十四歲開始約會，但那時他們離嚴肅的婚姻考慮還很遠，他們成群地開展約會，經常參加派對、舞會等。對青少年來說，約會能夠帶來陪伴，以及對於浪漫愛情和性的初體驗。但很少有人能和青春期的戀人走到最後。

而到了成年初顯期，關於愛的探索變得更加親密和嚴肅。此時，約會更常在一對一的情況下展開，約會帶來的娛樂休閒不再被看重，開始深入探索情感、身體上彼此親密的可能性。

在這個年齡階段，大部分人的浪漫關係會比青春期更持久，也更有可能出現性行爲，同居也可能會出現。因此，在青春期，愛的探索是嘗試性和短暫性的，青少年們問自己的問題是：「此時此地，我更享受和誰待在一起？」

在成年初顯期，愛的探索涉及更深層次的親密感，這個階段的人該問自己的問題是：「我是哪個類型的人，我希望選擇什麼類型的人作為一生的伴侶？」

事業也是這個階段的關鍵字。年輕人接受了一定程度的教育和訓練，這些教育和訓練提供未來成人生涯中收入和事業發展的基礎。

在這個階段，他們的工作經驗是為未來的工作角色／身分做準備的。他們開始考慮這些工作經驗，如何為未來想要從事的工作奠定基礎。他們需要問自己：「我擅長做什麼工作？什麼樣的工作，長期做也會覺得滿意？我有哪些機會獲得最適合我的工作？」

在成年初顯期，有意識的年輕人會充分嘗試多種多樣的課程和專業，為未來做準備。在美國，大學生轉系是非常普遍的現象，甚至轉系不止一次。他們透過這種方式，感受各種可能的職業未來，放棄不被自己看好的專業，然後追求其他的。

此外，如今大學以上的教育也變得越來越普遍。碩士、博士為年輕人轉變職業方向再一次提供了機會。年輕人在設計自己的教育道路時，不應該盲目追隨主流做選擇，而要想清楚自己透過這個選擇，想要獲得怎樣的未來。

不過，不管是愛還是工作，在成年初顯期，人們的探索都不會也不該只是為了未來做準備。

更多時候，人們也是爲了在受到成年人責任的束縛之前，獲得更廣闊的人生經歷。此時，長期固定的角色身分和承諾還沒有出現，還有機會嘗試機率不高的事。對於渴望大量浪漫和性經歷的人來說，成年初顯期是探索的好時機——此時父母的監管降低，又還沒有到社會期望的婚姻年齡。

這個階段也是人們嘗試不同尋常的工作和教育的好時機，間隔年（Gap year）、偏鄉教育實習等經歷在這個年齡階段是最常見的，多於其他人生階段。

比起爲未來的長期選擇做直接準備，獲得多元、多彩的經歷和體驗更加重要。它讓你在進入長期、不變的選擇之前，更明白自己喜歡什麼、不喜歡什麼，從而做出更好的決定。而成年初顯期是經歷這些的黃金時期，錯過將很令人遺憾。

而在價值觀方面，心理學家威廉．佩里（William Perry）的研究發現，在成年初顯期，世界觀的改變是認知發展中最核心的部分。他指出，成年初顯期的年輕人在進入大學時，往往帶著他們在兒童期和青少年期學到的世界觀，而大學教育則會展現出多種不同的世界觀，年輕人會開始質疑自己過去的想法。大部分年輕人在大學畢業時，會發現自己獲得了和過去不同的世界觀，同時，這個世界觀會在未來被不斷地修正。

研究顯示，教育水準越高，越會帶來對世界觀的探索和重新考量。

成年初顯期的自我探索，並不總是愉快的。對於愛的探索可能以失望、理想破滅、被拒絕爲結局；對於工作的探索可能以無法找到理想的工作爲結局；對於世界觀的探索可能帶來對兒時信念的顚覆，有時自己所信仰的一切都被摧毀了，新的信念卻還沒有建立起來。

這也是一生中最孤獨的時期。在成年初顯期，年輕人對於自己身分的探索，往往是自己一個人開展的。他們已經不再有原生家庭的日常陪伴，但也還沒有組建新的家庭。十九至二十九歲的美國人，是除了老年人之外，所有年齡階段中，在閒暇時間獨自一人的情況最多的；也是在所有四十歲以下的人中，獨自完成課業、工作的情況最多的。簡而言之，這個階段，獨身一人是常常出現、不可避免的情況。

這個年齡也是各種高危險性行爲好發的年齡，例如酒駕、危險性行爲等。他們受到的監管比起青少年更少，又沒有被成年人的身分角色所約束。資料顯示，進入婚姻、生育孩子之後，人們的高危險性行爲會顯著降低。

年齡並不是一個固定的標準

調查結果顯示，十八至二十五歲的年輕人，大部分不認同自己已經完全成年，而超過三十歲的人，大部分都認同自己已經完全成年。

儘管如此，我們必須強調，年齡只是一個粗略的預測方式。十八歲是明確的分界線，因為大多數人在這年結束高中的學業，離開父母的家，獲得法律賦予的成人權利。但是，從成年初顯期到成年早期的轉換，年齡就不再是明確的分界了。有的人在十九歲就完全達到了成年人的狀態，也有二十九歲的人仍然沒有達到。不過大部分人會在三十歲前後完成這個過程。

透過這篇文章，相信你已經看到，成年初顯期是不確定的階段，一切都蓄勢待發，一切都懸而未決。每個人經歷的探索程度各不相同，沒有必要在看完文章後，因為覺得自己錯過了許多而惶恐。成年初顯期最好的地方之一，可能就是沒有限制，也沒有標準規範存在，每個人都可以根據自己的意願以及條件，追求自己想要且能夠追求的東西。

最後，送給所有處於成年初顯期的人一句話：

「Take your time and be patient. Life itself will eventually answer all those questions it once raised for you.」

慢慢來，不要急，生活出了難題，也終有一天會給出答案。

Chapter

1

我們都得學會好好愛

愛情的到來和消失，能被自我管理嗎？

愛是感覺，還是選擇

愛究竟是感覺，還是決策後的意志行動？

有的人覺得，愛是感覺，是瞬間的、不連續的、稍縱即逝的。愛情是某件發生在自己身上的事情，而不是主觀意志能夠控制的事。就像一條河流一樣，你可能在某個瞬間和一個人彼此吸引，共同走一段路，如果有一天你們的愛情消失了，就會自然而然地分開。

以此來看，我們不僅無法控制要愛上誰，也很難解決失戀後依然愛著對方的痛苦。

還有人覺得，愛不是感覺，不是短暫的情緒事件，而是決策或者意志行動，彼此相愛是雙方決定要和對方建立某種連結，之後相愛的過程，受到動機和人爲干預的大範圍影響。

因此，可以透過努力更愛一個人，也可以努力不愛一個人。

這篇文章，不僅包含對這個問題的討論，也是怎樣更愛一個人和怎樣離開一個人的實戰守則。

愛情雖然由瞬間組成，但也可以被管理

事實上，近年來的神經科學研究顯示，愛確實不是持續不斷的情感，而是一個個產生「積極共振」的瞬間，每個這樣的瞬間都伴隨著身體、大腦、激素水準的變化。當我們感覺到「愛上一個人」的時候，往往說明我們與另一個人之間存在很多這樣的瞬間[1]。

從這個角度看，愛既非永恆，愛的對象也不是獨一無二的。你會在一些瞬間感到非常愛對方，但也可能會在另一些瞬間討厭對方。你可能在一個瞬間和某個人有愛的感覺，在另一個瞬間和另外一個人產生這種感覺[2]。

不過，愛情是由一個個瞬間構成的，並不代表愛是無常的、不可控的，相反地，

[1]：Fredrickson, B. L. (2013a). Love 2.0: Finding happiness and health in moments of connection. Penguin

[2]：Fredrickson, B. L. (2013b).10 things you might not know about love. CNN.

它是我們所能夠干預和控制的。我們通常會區分兩種與愛相關的感覺——迷戀和依戀。

兩者的區別在於，迷戀偏向感性層面，缺乏親密感和忠誠度，但有著強烈激情，經常出現在愛情剛剛發生的時候，也是把雙方推向下一步的助燃劑。

當雙方進一步確認彼此的愛，想要開始一段關係，隨後，迷戀會漸漸轉化爲依戀，依戀的激情成分較少，隨之而來的是更高的親密感、依賴感、忠誠度，會隨著關係的進展而漸漸加深。

婚姻則是更愼重的決定：在今後的人生中，都繼續愛著對方（儘管人都會變化，但至少在那一刻你是這麼想的）。

從迷戀到依戀，再到更深的承諾，愛情逐漸成爲意志行動，增強、減弱、消失不再是自然而然發生的，是雙方的管理和控制，也就是我們經常所說的經營，在影響和左右著你們的愛情。

「在大多數時候，我們會覺得『我無法左右愛情』而根本不去嘗試。」美國密蘇里大學學者珊卓．朗斯拉格（Sandra Langeslag）說，這是她進行愛情管理實驗的原因。

而實驗發現，僅僅透過簡單的愛情管理策略，人們便能在想愛一個人的時候，增加在每個瞬間愛的感覺（不管是迷戀還是依戀程度，都是可以被操縱的），也能夠在你想放棄一個人的時候，減弱愛的感覺❸。

實驗的參與者都處於親密關係中，第一組被要求拿著另一半的照片，進行積極思考（主要圍繞著：伴侶本身、伴侶之間的關係、和伴侶的未來），比如「他穿黃色衣服眞帥」「我們相處很好」「我們會永遠在一起」。

第二組則拿著伴侶的照片進行負面思考，比如「她眞懶」「我們經常吵架」「我們遇到這麼多困難，今後不會在一起的」。

結果發現，前一組實驗對象，在刻意進行積極思考後，對伴侶的愛的感覺得到增強，不論在參與者本人的報告中，還是在腦電波監測中都是如此：迷戀和依戀程度都有所增加，而被稱爲「愛的腦電波」的晚期正向腦波（LPP）活動也會增強。

與之相應的是，第二組實驗對象，迷戀和依戀的感覺都會減少，晚期正向腦波的活躍度也會降低。

---

❸：Langeslag, S. J., & van Strien, J. W.(2016). Regulation of Romantic Love Feelings:Preconceptions, Strategies, and Feasibility. PloS one, 11(8), e0161087.

你該如何管理愛情

既然愛情是可以被管理的，我們也爲親密關係中的大家提供一些建議。

1 建立正確的關係信念

我們曾經多次提到僵化、錯誤的認知會對思維造成負面影響，在愛情裡也同樣存在。有些被稱爲宿命論的扭曲認知，是對愛情有害的。常見如下[4]：

1. 彼此相愛的人不應該爭吵。爭吵是破壞性的，表示愛得不夠深。
2. 如果我們相愛，就應該有讀心術。憑直覺就能夠心心相印，而不需要溝通所思所想。如果還需要明確溝通想法，說明愛得不夠深。
3. 你永遠無法改變對方。如果對方傷害過你，一定會一而再、再而三地傷害你。
4. 被破壞和傷害過的關係是無法修復的。
5. 我們是天生一對，每一次性生活都應該非常完美。
6. 男人和女人的性格和需要是不同的，很難眞正理解對方。
7. 美好的愛情是命中註定的，如果是對的人，就能夠相處美滿，無須努力維護。

這些信念具備共同的特點：「過度概括」「絕對化」「理想化」。最大的危害就是使我們在愛情中遇到困難時，不自覺地放棄努力。

而健康的關係信念被稱作「成長信念」，建立在這樣的假設上：「不要認爲愛情只是宿命。」「不要覺得關係和婚姻是理所應當的，持續的努力付出，才是親密關係成功的關鍵。」「理想的親密關係是逐漸發展的，其中的困難、挑戰只會讓愛更深。」「戀愛的關鍵是學會兩個人一起處理衝突。」「美好的關係需要艱苦的努力。」……這些都屬於成長信念。

2 透過身體來改變感覺

愛是由一個個「積極共振」的瞬間組成的，包含一系列大腦和身體的反應。反過來，也可以用身體的行動來增進愛的瞬間。

心理學者芭芭拉．佛列德里克森（Barbara L. Fredrickson）的研究發現，大腦中的迷走神經是「大腦與心臟的通道」。迷走神經更靈活、更容易緊張的人，愛的能力更

---

❹：Knee,C. R. (1998). Implicit theories of relationships:Assessment and prediction of romantic relationship initiation,coping, and longevity.Journal of Personality and Social Psychology, 74(2),360.

強，能夠更加敏感地捕捉到愛，也更享受愛，但只有現實的接觸才能鍛鍊迷走神經。

因此，多見面、多交談、增加相處時間、增加性接觸，都是增進愛的感覺的好辦法——如果能夠更常見面，就不要選擇電話溝通；如果能夠傳送語音，就不要選擇用文字訊息。在所有的現實接觸中，最有效的是眼神接觸，僅僅是多花幾秒鐘對視彼此，都能夠使你們多些瞬間的積極共振。

3 親密練習

很多伴侶相處了一段時間後，與性不直接相關的親密練習，往往會被忽略，這些日常的細節對於愛情和性來說都至關重要。

以下這些，都屬於增進愛情的親密練習：

1. 在日常生活中，進行不是以性爲直接目的的親吻、愛撫。
2. 爲彼此設置屬於你們的空間和時間，比如，一個晚上不看手機，一起看電影、綜藝節目，或者僅僅是宅在家聊天，分享當天的趣事。
3. 給彼此互相展示脆弱的機會，比如，嘗試向對方吐露自己的失敗經歷、難堪的事，另一方需要投入地傾聽和表達支持，這樣的吐露會使你們離彼此更近。

4 獨自思考愛也能增進愛

研究表示，僅僅是停下來思考愛這件事，也能夠增強愛的感覺：每天花幾分鐘時間，也許是在工作間隙，也許是在通勤的時候，清除掉你腦子裡其他的事，獨自體會一下那種你們彼此相愛、彼此連結、彼此協調的感覺。如果你願意做得更多，那麼可以列一張清單，其中包含對方的優點、對方曾經爲你做的事，然後分析和回味。

5 找到一個中間人

當局者迷，你們有時會需要第三個人。這個人可能是心理師（提示：一起做心理諮商，並不意味著你們的婚姻出現了問題），也可能是你們雙方的好朋友。他能注意到一些你們自己沒有注意到的雙方的互動，比如對方看你的眼神有什麼不一樣，你們曾經有什麼暖心的小細節，提醒你們之間那些愛的瞬間。

此外，創造一些好玩的、刺激冒險的事情。偶爾瘋狂一下，總能讓我們更愛彼此[5]。好好地利用你們共同經歷的過去，在閒暇的時間，多回味一下所擁有過的積極瞬間，

---

[5]：Robinson, K. M. (2016). How to Rekindle the Spark in Your Relationship. WebMD.com.

都會加強愛的感覺。

失戀了，如何減少愛的感覺

當你決定要離開一個人，或者被分手的時候，同樣可以做出努力[6]：

1區分愛和戀愛

首先，你需要面對事實：愛的感覺不可能被馬上切斷，但是你們已經無法回到戀愛的關係中。

如果你暫時覺得無法割捨，無法一下子變成陌生人，可以對這個階段做出在愛情之外的全新定義。世界上有很多種愛，你們可以仍將彼此當作親密的人，可以互相愛著對方，但不再處於戀愛的關係中，也不再做情侶會做的事情。

你們之間還會存在著一些積極的共振，一部分可能會漸漸消失，一部分會被遺忘，另一部分可能會在很長一段時間內繼續存在。不過，要知道，你已經做出了結束愛情的決定，作為意志行動的愛情也已經結束了。

2列出缺點/問題清單

無論你曾經覺得對方有多好，都要檢查上一段親密關係中存在的問題，批判性地思考對方：列出對方身上你所不能接受的價值觀/觀點、生活習慣；回憶一下，哪些時刻，你曾因爲對方的語言和行爲感到非常惱怒；哪怕只是對著過去的照片說「原來他長得不是我喜歡的樣子」也是有用的。

如果你感到憤怒，可以寫完把清單燒掉，給自己一種儀式感。

在回憶的過程中，暫時不要列出和反省自己的缺點，更不要去想「如果當時……就好了。」你們已經不能回頭了。

3隔離和轉移注意力

現實的接觸和距離的遠近，對愛的影響是雙向的。因此，最簡單的方法就是避免接觸自己的前任。

你可以在物理距離上離他遠一些。比如搬家，或者改造你的家，扔掉和他有關的

❻：Davies, A.(2012).10 Ways to Get Over an Ex. Cosmopolitan; Holmes, L.(2016).7 Science-Backed Ways To Get Over An Ex. The Huffngton Post..

東西，重新裝修一下；避開你們曾經一起去的地方、做的事情、他送你的東西等等，不要觸景生情。

在這段時間裡，不要讓自己閒下來，用工作、健身、社交、新的興趣把生活塡滿。設定一個新的目標，然後去實現（比如先賺個一百萬）；嘗試之前不敢的挑戰；或者學學化妝、打扮，讓自己變得更有魅力。趁自由的時間，多做一些以前沒機會做的事，特別是他曾經討厭、不喜歡你做的事情。

4 學會關注其他人

學會觀察身邊的其他人，欣賞他們曾被你忽視的優點，和你喜歡的部分：好聽的聲音、好身材、良好的溝通……不排斥新的約會和關係。要記住，是眞的欣賞對方，而不是爲了逃避而進入反彈式關係。

此時也是與之前被你忽略的好友，重新建立關係的好機會，大膽地向他們吐槽吧，朋友的支持會減輕你的壓力。

所有的管理都有失控和混亂的一面，對愛的管理也不是一蹴而就的魔法。這會在大方向上幫助你，但你依然會經歷忐忑、不安、緊張、憂愁，甚至痛苦。

最讓人感傷的是：「我還愛你，但我不想再愛你了。」

最讓人甜蜜的是：「我愛你，但我還想要更愛你。」

我們無法完全操縱愛，這正是愛讓我們著迷的原因。

想在你面前做真實的我，也想為你變成更好的我

如何在愛中平衡真實和成長

在親密關係中，我們都有眞實的需求。但什麼是「眞實的自我」？

心理學家托瑞・希金斯（Tory Higgins）[7]認爲，「眞實的自我」指的是，我們實際擁有的個性特質影響下的言行舉止。無論來自先天遺傳，還是後天經歷的塑造，這些言行舉止在他人或自己眼中是好是壞。眞實的自我就是骨子裡的我們是一個怎樣的人，會做怎樣的事。

學者[8]指出，人們在不同的關係中，面對不同的對象時會表現出不同的個性、行爲，而這種在關係中表現出來的自我，又被稱爲「關係中的自我」。

很多時候，我們「關係中的自我」和「眞實的自我」並不完全一致，且我們也會在不同關係中，表現出不同關係中的自我。

比如，我們可能在同學/同事面前，表現得樂觀、自信，但在父母或伴侶面前，

表現得多愁善感，或總自我懷疑。外在表現之所以與眞實的自我不完全相同，有時候未必是刻意爲之，而是我們根據對方與自己的互動，不自覺地做出回應。比如，當對方總是一味地否定我們時，與他的關係裡，我們就更可能表現出不自信或自我懷疑。

我是眞實的，希望你愛的也是眞實的我

有別於其他關係，人們往往希望在親密關係中，雙方的「關係中的自我」與「眞實的自我」是完全一致的。

換句話說，我們希望在親密關係中自由地做自己——希望自己表現出來的行爲舉止可以眞實、無須經過修飾、完全符合原本個性，與此同時，也希望對方能無條件接納這樣眞實的我們。

---

❼：Higgins, E. T. (1987). Self-discrepancy: A theory relating self and affect.

❽：Gan, M.P. & Chen S. (2017). Being your actual or ideal self? What it means to feel authentic in a relationship? Personality and Social Psychology Bulletin.

想要展現眞實並且希望被眞實接納，因爲每個人都有被他人肯定的需求[9]，不僅展現在希望自己的長處被看見，不足被包容，還希望無論自己有什麼樣的優點或缺點，作爲人的價值，在對方心中都不會有所減損。意即「你看到了我的缺點，但不會影響你對我的愛」。

在成長的過程中，我們最有可能從父母身上獲得接近於無條件的肯定與接納。當我們在過程中獲得夠多的接納與肯定，成年之後，會更有能力自我肯定，也不易爲外界評價所左右。

倘若我們從未被這樣對待過，在成年後的其他人際關係中，就更可能繼續尋找這樣的接納與肯定。

之所以人們在親密關係中尋找肯定，是因爲關係也有親疏遠近之分。大多數人認爲，比起其他人際關係，親密關係是最值得自己親近、信任和依賴的，因此人們更想要在其中展露眞實，期待對方能夠接納完全眞實的自己。

倘若一個人願意在親密關係中表現眞實的自己，意味著經對雙方的信任和親密懷有很高的期待。我們所展現的眞實的自我中，一旦有部分沒有得到親密伴侶的確認與肯定，我們就會傾向於認爲這部分得不到任何人的肯定——不被最親密的伴侶所接受的個性特質，還能有誰受得了？於是，連自己也開始嫌惡、厭棄這部分。

這就是爲什麼當親密關係的伴侶，無法全然接納眞實的自己時，會讓人們產生強烈的痛楚感，還會讓人懷疑這段感情的眞誠度與持久度。以眞實的面貌被對方肯定與接納，是每個人在親密關係中的需求。

我也希望被真實的你所愛著

不僅如此，我們還會希望伴侶也能在關係中表現出眞實。因爲，人們相信只有當雙方都在關係中眞實做自己時，彼此才可能眞誠地爲對方付出，減少使用公式化應對或互相操縱，在關係中的地位才能趨於平等。

在某種程度上，人是透過對方是否願意在自己面前展現「眞實的自我」，判斷在對方心目中的位置，以及他對這段關係的態度。

❾：Swann,Bosson,& Pelham(2002). Different partners, different selves: Strategic verification of circumscribed identities..

在親密關係中，也「不止於」真實的自己

心理學專欄作家克里斯提安．賈瑞特（Christian Jarrett）[10]認爲，儘管人們總是強調要做「眞實的自我」，但其實在親密關係中，人們也渴望能做「想像中的自我」，也就是「我想要成爲怎樣的人」「這樣的人會擁有哪些特質」。

人們爲何會渴望在關係中做「想像中的自我」？一系列的研究後，發現了幾個有趣的結論。

1 成為想像中的自我，在關係中會更滿意

研究者邀請了二百八十六名參與者，並請他們仔細想像自己的「眞實的自我」——實際上我是一個怎樣的人？「關係中的自我」——在親密關係中我是一個怎樣的人？以及「想像中的自我」——我想要自己成爲一個怎樣的人？之後，這些參與者會對自己這三種自我的重合程度進行評分（1爲重合度低，9爲重合度高）。

比如，你在親密關係中的自我和眞實的自我沒有兩樣，那麼這兩種自我的重合度就

是9。另外，這些人還填寫了相關量表，以測量他們在當下這段親密關係中的眞誠度（是否願意爲彼此的關係眞誠地付出）及滿意度（是否覺得這段關係讓自己感到開心）。

結果發現，比起在關係中表現得更像「眞實的自我」的人，那些在親密關係中表現得更像「想像中的自我」的人（關係中的自我與想像中的自我重合度更高），對這段感情的眞誠度與滿意度都更高。

換言之，人們在關係中表現出自己「想像中的自我」，而非完全是「眞實的自我」的人，反而對關係的滿意度更高，而且也並不會影響他們在關係中眞誠付出的程度。

2無法成為想像中的自我，會阻礙真心付出

研究者邀請了四百零四名參與者，並隨機把他們分入四組（2×2的實驗設計）。

第1組：「關係中的自我」和「想像中的自我」重合度高

第2組：「關係中的自我」和「想像中的自我」重合度低

第3組：「關係中的自我」和「眞實的自我」重合度高

⑩：Jarrett, C. (2017). Feeling authentic in a relationship comes from being able to be your best self, not your actual self.British Psychological Society.

第4組：「關係中的自我」和「眞實的自我」重合度低

這些人必須根據分組，思考相關的場景，被分配到第2組的人需要思考與伴侶相處時，在哪些方面表現得一點也不像「想像的自己」（其他3組以此類推）。

這些人也做了關係眞誠度的測量，結果發現，第2組人所感受到的關係眞誠度是4組人中最低的。

當人們意識到在關係中，無法做想要成爲的人時，會覺得自己很難在關係中眞心付出。另外，研究者還發現，當參與者感受到自己在關係中被迫要做「眞實的自己時」，會因此倍感壓力，無法再對關係感到滿意，抑或是眞心付出[11]。

3 渴望做想像中的自我，源自於自我成長的需要

研究者認爲，在關係中能否做「想像中的自我」，對關係滿意度與眞誠度有重要的影響，是因爲除了做「眞實的自己」之外，人們也有在關係中獲得自我成長的需要。

史蒂芬·德里格塔斯（Stephen Drigotas）[12]等研究者認爲，在親密關係中，當人們做「想像中的自我」時，會促使對方也以相應的方式與我們互動，而這會幫助我們逐

步接近「想像中的自我」，好似璞玉被雕琢而光芒展露的過程，因而也被稱爲「米開朗基羅效應」（也可能發生在其他關係中，但人們更期待它在親密關係中發生）。

比如，我們想要成爲一個堅定自主的人，那麼當我們在嘗試著做出堅定自主的努力時，對方可能會就此停止過分的索取，又或者改變索取的策略，但無論是哪一種，都是他對我們的回應，因此我們可能感受到堅定自主的好處，感受到外部世界對自身改變的回應。在這樣的互動中，一步步接近「想像中的自我」，體會到關係帶來的成長與力量，也更可能對這段關係感到滿意。

另外，做「想像中的自己」對於減少關係倦怠也有積極意義。當人們感覺到親密關係無法帶來更多的自我延伸時，就會感到麻木和疲倦。在做「想像中的自己」的過程中帶來的成長，正好能夠彌補自我延伸的減少。

我們既需要做「眞實的自我」，也渴望做「想像中的自我」，在一段關係中，這兩種狀態會是矛盾的嗎？

⓫：Romm, C. (2017). Being your true self in a relationship is less important than being your best self. Science of Us.

⓬：Drigotas, S. M., Rusbult, C. E.,Wieselquist, J., & Whitton, S. W.(1999). Close partner as sculptor of theideal self: Behavioral affirmation and the Michelangelo phenomenon. Journal of Personality and Social Psychology, 77, 293-323..

如何在關係中平衡真實與成長的需求

首先，我們需要認清：「想像中的自我」並不是虛假的。事實上，「眞實的自我」與「想像中的自我」描述的是不同「緯度」上的「自我」，前者描述的自我在「眞」與「假」緯度上屬於「眞」，而後者則描述了自我在時間緯度上屬於「未來」。換句話說，「想像中的自我」可能是在成長中的、存在未來的「眞實的自我」。

可見「眞實的自我」與「想像中的自我」間，其實並不矛盾。要警惕的是，人們常常會以「眞實的我就是現在這個樣子，若是要改變現在的我，就是在讓我變得虛僞」爲藉口逃避成長。

其次，在關係中強調眞實時，需要考慮對方的感受。很多人誤以爲在關係中做「眞實的自我」是理所應當的，常常不顧對方感受，做自認爲「眞實的自我」會做的事，甚至覺得如果自己爲了顧及對方感受而改變行爲，就是違背眞實。

但事實並非如此，「眞實的自我」不是「全有」或「全無」的狀態，我們不會因爲某些舉動就變得虛僞。

我們有在親密關係中做「眞實的自我」的需求，但同時也有保護這段感情的需求，考慮對方感受，就是爲經營這段感情所付出的努力，而非虛假的表現。

同時，想要在關係中獲得成長，也需要付出主動的努力。想在關係中做「想像中的自己」，不僅要先主動表現出想要成爲的樣子，還需要一些更直接的溝通，像是告訴對方自己的成長目標，才能讓伴侶更準確地了解你「想像中的自我」，並協助你獲得成長。

另外，你也需要允許對方用對待你「想像中的自我」的方式對待你，這可能會讓你感到不適，因爲和過去習慣的互動方式不同。但就如同所有的改變可能會帶來不適一樣，我們需要接受它、克服它，並找到更好的應對方式。

最後，正如存在主義哲學家沙特所說，「自我本就是不斷獲得的，它存在於未來，是我們試圖發展自己時的目標所向」[13]。

願你在關係中能感到自己與對方的眞實，也能獲得你和對方都想要的成長。

⓭：White, M.D. (2012). Are you more likely to lose yourself or find yourself in a relationship? Psychology Today.

你們的戀情有多認真

如何科學地在關係中互給承諾

心理學家羅伯特．史坦伯格（Robert J. Sternberg）認爲，一段幸福長久的關係需要同時包含三個因素：「親密」「激情」和「承諾」。今天要聊的就是三要素中承諾的部分。

研究顯示：關係中承諾感的高低，會影響到人們是否維持一段關係。如果關係中的雙方有更強的承諾，關係品質會更高，也更能適應關係中的變化，更傾向於在遭遇困難時選擇不分手。關係中承諾感的高低，甚至可以預示五年後、七年後或者十五年後，伴侶關係的穩定度[14]。

現在我們就來談一談，如何辨別現在的關係是否有承諾存在，哪些因素會影響到關係中的承諾感高低，以及如何提升你與伴侶對這段關係的承諾感。

你是否身處一段有承諾的關係

粗淺地說，關係中承諾感的高低，是你承諾自己願意爲這段關係投入和付出的程度。心理學家將關係中的承諾感，定義爲人們「渴望持續一段關係的意圖」。對關係做出承諾的人，會渴望擁有從當下到未來的關係，做出承諾也代表了一種選擇，主動選擇留在這段關係裡，意即「放棄其他可能的選擇」。

因此，在一段有承諾感的關係中，伴侶雙方對關係有長期的投入計畫，也對彼此更忠誠。承諾感越高，長期投入時間越長，投入程度越高，忠誠度也會越高。

如何確認一段有承諾的關係呢？心理學家米勒和珀爾曼[15]列舉如下。你可以對照敘述，看看自己是否處在有承諾感的關係中。

1 把自己和伴侶視為一體

研究發現，當人們做出承諾、希望長久地維持關係後，會產生「認知上的依賴」：

⓮：Weigel,D. J., & Ballard-Reisch, D. S. (2014). Constructing commitment in intimate relationships. Communication Research, 41(3), 311-332.

⓯：Millder,R., & Perlman, D. (2010). Intimate Relationship. New York, NY: McGraw-HillCompany.

他們的自我定義發生了變化，不再將自己視爲單獨個體，而將自己和伴侶看作一個更大的整體。他們會認識到自己的生活，與伴侶的生活之間存在很多重疊（比如有共同的房子和規畫）；也會更常使用「我們」這種包含伴侶的複數稱謂，取代「我」「他／她」等單數稱謂。

2產生對伴侶的「積極錯覺」

在有承諾感的關係中，個體容易產生對伴侶的「積極錯覺」，會理想化伴侶，並傾向於用樂觀、積極的方式看待親密關係。像是人們對伴侶的缺陷比較容易接受。雖然很清楚伴侶所犯的錯誤，但是容易忘記那些過錯，或者對伴侶的過錯重新解釋，比如認爲對方只是一時衝動。

透過對伴侶的「積極錯覺」，人們在伴侶犯錯時，依然可以維持正面的整體評價。

3願意為關係付出和犧牲更多

付出承諾的伴侶更願意爲關係犧牲，爲維持關係而讓步。比如，有承諾感的伴侶在面對愛人不嚴重的苛刻對待時，會產生「順應現象」，會主動控制衝動，避免用類似的負面方式對愛人做出反應，而是做出建設性的回應。順應不代表盲目的自我折磨，能讓人們面對伴侶偶爾的壞脾氣時，更有效地進行溝通。

4 不徘徊觀望，尋求其他愛人

伴侶如果發現更有吸引力的人存在，很可能會被對方吸引，棄我們而去。但是，願意做出承諾的伴侶，會表現出對替代選擇的無視，他們意識不到從替代關係中可能得到的好處，也不關心是否存在更好的關係外選擇。

相反地，承諾感不高的伴侶，會帶著更強的好奇和熱情關注其他選擇。在一項研究中，在參與者面前展示一些有吸引力的異性照片，承諾感更低的參與者，在照片前徘徊的時間會更長。

承諾會讓伴侶貶低誘人的替代選擇，蔑視有可能將他們從現在的親密關係裡吸引走的人。承諾感高的伴侶可以積極地欣賞對關係沒有威脅的人。但是，當他們碰到有可能損害自己關係的人時，即使對方條件很好，也會找藉口低估那些人，證明那些人不如現在的伴侶有吸引力。

哪些人較不容易做出承諾

1回避型依戀者

在依戀類型中，回避親密（包括疏離型和恐懼型兩種類型）程度更高的人，傾向不在關係中做出承諾。疏離型依戀者抗拒承諾，是害怕承諾帶來的互相依賴與親密；而恐懼型依戀者則是渴望卻不敢，他們擔心伴侶會突然變心，不能一直保持承諾，於是透過不做出承諾，避免自己受傷。

2夾在父母衝突中長大的人

精神科教授大衛．艾倫（David Allen）[16]指出，如果父母總是讓孩子解決他們之間的衝突，當孩子長大後也會傾向於回避承諾。這些孩子從小就夾在父母的衝突中，試圖穩定父母暴怒的情緒，維持家庭的和平。久而久之，孩子會感覺處理父母間的衝突成了自己的責任。當他們長大後，會擔心和他人進入承諾關係，就等於拋棄了在父母這段親密關係中的責任。他們往往意識不到，自己沒有得到有承諾感的穩定親密愛人，是因爲他們被困在與父母的關係中。

3自戀型人格

自戀者進入關係的目的是爲了滿足「自我增強」（self-enhancing）的需要，伴侶是他們提升自我價值感的工具，如同裝飾品。因此自戀者會尋找更好的替代選擇，他們不願意給予承諾，因爲他們不希望陷入長久的關係中，從而錯失可能的伴侶。

哪些人更容易做出承諾

1信任感強的人容易做出承諾

信任感強的人會認爲伴侶是可預測的，他們相信自己在給出承諾後，伴侶不會無緣無故地離開這段關係。同時，信任感強的人也會認爲伴侶是值得依靠的，在遇到問

[16]：Allen, D.(2012). Commitment phobic. Psychology Today.

題時，可以從伴侶處獲得關心，不會忽然失去伴侶的支持。因此，信任感強的人會樂於做出承諾，從長期的關係中持續分享和獲得伴侶的愛[17]。

2 道德感越高，越傾向於保持承諾

對親密關係的道德責任感，也會促使人們保持承諾。研究發現，比起對關係的滿意度，道德責任感更能預測伴侶們是否能夠共同度過關係中的艱難時期。

也就是說，一個人的道德感強和對現有關係很滿意，兩者相比，道德感對他是否會在困難時拋棄伴侶的影響更大。

3 擁有關係目標的人更容易給出承諾

如果一個人擁有明確的關係目標，比如希望和伴侶養育孩子，會更容易做出承諾。因為承諾有利於將自己和伴侶變成利益共同體，從而獲得來自伴侶的支持，也有利於實現關係目標[18]。

4 對關係的滿意與依賴也會影響承諾

社會學家麥可．強生（Michael Johnson）認爲，影響人們保持承諾、留在關係中的因素主要有兩類：個人對關係的滿意程度，和對關係的依賴程度。

❶ 對關係的滿意程度越高，越傾向於保持承諾

人們對一段關係如果越滿意，就會越希望留在這段關係裡，希望能繼續從伴侶那裡得到快樂。人們對關係的期望會影響到關係滿意度。不切實際的期望，會讓人雖然處於一段不錯的關係中，但依然感到不滿意。

是否能在關係中得到回饋，也是影響關係滿意度的因素。如果要獲得滿意的親密關係，人們在關係中感受到的回饋，要高於他們感到自己爲關係付出的代價。人們往往從伴侶的正面交流（比如表達愛意、合作、尊重）和伴侶對自己的付出中，獲得獎賞感。

❷ 對關係的依賴程度越高，越傾向於保持承諾

對一段關係的依賴程度越高，會越傾向於從這段關係中，獲取所需的資源和支援，

---

⑰ ‥ Rusbult,C. E., Martz, J. M., & Agnew, C. R. (1998). The investment model scale: Measuring commitment level, satisfaction level, quality of alternatives, and investment size. Personal Relationships, 5, 357–391.

⑱ ‥ Coy, J.S., & Miller, M. I. (2014). Intimate partners who struggle with formal commitments: attachment styles, major challenges, and clinical implications. American Journal of Family Therapy, 42(3), 232-242.

也就更難離開這段關係。一個人即使對關係的滿意度不高，也有可能因爲高依賴度，而不得不留在這段關係中。

負面的例子是虐待型關係，虐待者透過限制受害者的經濟、情感表達、社交等，迫使對方不得不留在這段關係中。

影響關係依賴的因素有很多，比如替代選擇的品質。一個人如果可以在現存的關係外滿足自己的需求，提供這種關係外滿足的替代選擇（可以是情人、朋友或者家人）的品質越好，就越有可能使人們離開自己的伴侶，透過替代選擇滿足需求。

關係的投入程度也會影響到關係依賴程度。一個人對關係投入得越多，就越傾向於保持承諾。因爲一旦離開，意味著白白浪費之前的大量付出。對關係的投入可能與自身內在相關，比如對伴侶進行的自我揭露、投入的感情；也可能與外在相關，像是和伴侶擁有共同好友，或者付出財產。

還有一種影響因素是生存因素。一個人越依賴親密關係獲得維持生計的資源與支持，也就越難以離開。生存的需要迫使他留在這段關係中，不敢輕易打破承諾。

如何維護和增進關係中的承諾

1 評估雙方的承諾感

在討論如何保持與提升承諾感前，要先對關係中的承諾感進行評估，看看是否需要調整承諾感。

首先，你們要一起討論彼此願意對這段關係投入和付出的程度。比如對關係是否滿意？最近有沒有對未來進行設想和規畫？是否覺得雙方感情緊密，自己的情緒會受到伴侶情緒的影響？

評估過後，你可能會發現你和伴侶的承諾感水準有所差異。伴侶們願意承諾的程度不同是很常見的，如果相差不大，覺得不會對關係產生影響，可以選擇不理會，也許過了一段時間後，兩人的承諾感水準又會發生變化。

然而，如果你發現兩人願意承諾的差異過大，而且對關係產生了干擾，就需要考慮採取措施，重新平衡兩人之間的承諾感。

要注意，在雙方承諾程度不一致的時候，你可能會產生不公平感，認爲自己的付出得比對方多。但關係中的平等從來都不是等價交換，絕對的公平在感情中是不存在的。很多關係中，都會有一方比另一方付出更多，而兩個人仍然可能是幸福的。

2 如果對方承諾感過低

❶ 考慮降低自己的承諾感或期望

在評估雙方承諾感的過程中，你會了解到伴侶願意付出和投入的程度，以及對這段關係的期望。你可以比對自己願意承諾的程度，看是哪方面的投入產生了差異。

像是如果有一方要去外地工作，你會樂於放棄自己的工作去跟隨，但是對方不願意，你可以考慮是不是也該減少在這方面投入，比如選擇維護自己的工作機會。

❷ 提升對方承諾感

心理學家丹尼爾．韋格爾[19]發現了一種可以提升伴侶承諾感的方法：在日常生活中表達自己的承諾感。研究發現，伴侶越是能感受到你對關係的承諾，他就越願意對關係給予承諾。你可以透過下面的方式來讓對方意識到你的承諾感。

- 和伴侶一起規畫未來。表現出你希望和對方維持長久的關係。
- 表現出願意一起解決問題的態度，告訴對方你願意和他站在同一陣線，讓對方意識到你為關係做出的犧牲。不一定是大的犧牲，而是遇到困境時，你做出了一定的改變。比如在伴侶壓力很大時，你會優先考慮對方，壓抑自己的需求，做出一些關心的舉動。

・積極參與對方的社交生活，讓對方意識到你願意更了解他，在對方願意的情況下，嘗試融合雙方的生活。有時也可以直接用語言說出承諾，比如「這段關係讓我很快樂，我希望能和你長久在一起」。

3 如果自己的承諾感較低

如果你發現，你是關係中承諾較少的那個，而伴侶希望你能給予更多的承諾，又該如何改善呢？

首先，你可以在紙張上列下自己恐懼的具體內容。比如：「我覺得即使擁有承諾，他還是有可能會離開我」，或者「未來他似乎想要出國，我不確定我們的關係會不會持續下去」，或者也有可能是「我對我們的關係不滿意，我懷疑我們是否合適」。

---

⑲：Weigel,D. J., & Ballard-Reisch, D. S. (2014). Constructing commitment in intimate relationships. Communication Research, 41(3), 311-332.

隨後，可以和伴侶討論你承諾感較低的原因，討論如何共同改善。有些阻礙可能和伴侶有關，有些可能是自身的問題，比如過往經驗和原生家庭帶來的影響。伴侶沒有辦法幫助我們解決所有困境，我們也需要自己努力，比如向專業的諮詢求助。

願大家都能找到能讓自己甘願承諾，也給自己足夠承諾的人。

他是真的不愛你，還是不懂怎麼表達愛

表達愛的五種方式，你做到了幾種

為什麼明明很愛他卻說不出口

實際上，無法表達愛意，源於對自己和他人的不信任。

1 對他人的不信任

有時，人們不相信自己在乎的人也同樣愛自己。他們害怕自己的付出得不到回報，比如表達愛以後，會被對方拒絕。

也有些人不相信對方的愛會長久，他們認定自己在乎的人，有天會離開。在他們看來，表達愛意沒有意義，只會增加分開時的痛苦，擔心在乎的人不會善意地對待他們，害怕一旦讓對方知道自己的愛，就會被對方反過來傷害，就像把自己的弱點暴露在對方面前。

同時，有些人在意自己在關係中的主控權，享受在關係中的優越感。他們認爲一旦表達了愛，就會受到對方的制約。在他們看來，表達愛就等於透露對對方的依賴，會被關係結束所威脅。被對方控制的可能性，讓他們感到虛弱和危險。

2 對自己的不信任

有時候，人們不懷疑他人的愛與善意，認爲問題在自己身上。比如，不相信眞實的自己夠好，覺得對方喜歡的是虛假的人，認定眞實的自己配不上對方。

不敢說愛的四種情形

在很多時候，這些情形使我們難以表達愛：

1人格特質影響愛的表達

內向者喜歡深度的溝通。比起簡單、直接地說一句「我愛你」，他們更喜歡用深度聊天的方式，向你表現出他們的在乎。比如聊聊平時不太和別人聊起的話題，談談內心深處對世界的看法。

2個人情感經歷影響愛的表達

如果在關係中曾經遭受過負面事件，例如拒絕與背叛，會更難表達愛意。不僅僅在戀愛關係中的負面經歷會損害人們的信任，在家庭關係、夥伴關係中受過傷害，也會影響一個人愛的表達。

如果一個人小時候嘗試獲得父母的關愛，卻總是被嘲諷，久而久之，他堅信表達愛不會得到回應；即使長大了，他的信念依然不會改變，不相信表達愛意能獲得朋友和伴侶的回應。

3關係狀態影響愛的表達

關係處於什麼狀態，也會影響到人們對愛的表達。

研究發現，當人們還在頻繁約會時，會積極表達對伴侶的愛，然而進入婚姻後，愛的表達頻率逐漸下降。這可能是因爲，約會狀態中的伴侶們是信任上升期，雙方藉由愛的表達，進一步釋放靠近的訊號。結婚後，人們反而擔心自我揭露會帶來更多問題，影響婚姻的穩定。

4社會環境影響愛的表達

如果一個人從小生活在缺乏表達愛的環境，長大後會更少表達愛。因爲愛的表達需要學習，如果人們的成長環境缺乏榜樣教他們表達愛，對愛的表達會更加困難。舉例來說，孩子從小目睹父母吵架，在他看來，和他人溝通的唯一方式就是惡言惡語，即使他希望溫柔地對待在乎的人，他也不清楚該說什麼、做什麼。

為什麼要表達愛意？

表達愛意，能爲關係帶來諸多好處。

1你不表達愛，對方怎麼知道你愛他

每一次表達愛意，都是在向你在乎的人確認，提升對方的安全感。愛的確認肯定了你們之間的關係，讓對方明白你此刻是在乎他的，並且願意繼續維持關係。當對方感到安全時，也將更願意繼續投入、維持關係。

2表達愛意能創造積極體驗

許多人以爲，要維持好關係，只要避免負面事件就行：不吵架、不出軌、不惹事……然而一段良好的關係裡，不單是要不犯大錯，更要增加積極、正面的體驗。

在表達愛意的過程中，傳達愛意者和接受愛意者都能擁有積極、親密的體驗，表達愛意創造了正面的情緒氛圍。在那些缺乏愛意表達的關係中，雙方可能感覺兩個人處在一段冷冰冰的關係裡，缺乏親密和溫暖的感受。

3健康的關係中，你需要表達真實的自己

表達自己的愛，是給對方機會了解眞實的你。與他人建立連結，需要一定程度的自我揭露，他人不接觸到眞實的你，又如何靠近你、理解你，與你建立關係呢？透過

了解你的感受，對方也掌握了更多資訊，能更全面地做出選擇。

4 如果沒有及時表達愛，會帶來痛苦和遺憾

很多時候，如果沒來得及表達愛，會是我們現在，甚至很多年以後都感到後悔和遺憾的事情，我們會不斷回想「要是當時說出口就好了」「要是重來一次，我一定要好好表達」。但是很多機會只有一次，沒能表達的後悔和遺憾可能會一直包圍著我們，使我們在不斷的回想中感到痛苦甚至憂鬱，也會影響我們展開新的感情。

愛有五種表達方式，你做到了幾種

心理學家蓋瑞·巧門（Gary Chapman）博士在著作《愛之語》（*The Five Love Languages*）中列出了五種表達愛的方式。他認爲，愛的表達不只是簡單地說一句「我愛你」。人們可以試著學習多種表達愛的方式。他介紹了以下五種愛的表達方式：「肯定的言辭」「投入的時間」「給出的禮物」「服務的舉動」「身體的接觸」。你可以比對看看，你和伴侶分別做到了哪些。

1 肯定的言辭

多用積極的語言鼓勵與肯定對方。語言表達是最直接、最容易被對方接收到的訊號。如果一開始你還不習慣直接說愛，可以把「我愛你」變成一句描述，比如「我愛你笑起來的樣子」「我愛你的善良」等等。

人們都喜歡被人傾聽，當他人發現你認眞地聽他們說話時，會感到被重視。你可以每隔一段時間，問問家人、朋友或伴侶最近的想法和對未來的打算等等，耐心傾聽並給予鼓勵。這也是讓你能更了解自己在乎的人的機會。

2 投入的時間

很多時候，人們更關注相處的時間長短，比如一周花多少時間在一起，但相處時間的品質也很重要。比起待在一起兩小時卻毫無交流，一起花半小時投入雙方都愛的活動，可能會讓人感受更好。

你可以記下對方喜歡做的事，比如去博物館、看演唱會或是去公園散步，規畫並陪伴對方做這些事。記得陪伴時，要全心投入，如果你不斷滑手機，只會讓在乎的人感到敷衍。

3給出的禮物

禮物是愛的視覺象徵。如果你在乎的人喜歡收到禮物，那麼你需要好好規畫，成爲一個送禮者。你可以多觀察他平時在關心什麼物品，曾經因爲收到什麼禮物而激動不已，一一列下來。如果你實在不知道要送什麼禮物，也可以考慮問問他的朋友，他們或許更了解對方想要什麼。

有些人不喜歡花錢，他們爲自己花錢都不願意，一想到要爲別人花錢就更難受。但實際上，花錢送禮物不單是爲了對方，也是爲自己帶來關係中的安全感。

4服務的舉動

服務的舉動指的是做對方希望你做的事，用行動表達你的愛意。有些行動未必需要花費你很多力，比如在父母看來，吃光他們煮的飯就是對他們的服務，關鍵是了解你在乎的人希望你爲他們做什麼。

雙方可以試著一起寫下幾件希望對方做的事，作爲交換。或許你會發現對方很多沒有被注意到的需求。

5 身體的接觸

巧門博士指出，有些人看重身體的接觸。在他們看來，疏遠他們的身體，就是疏遠他們本身。不單伴侶之間需要肢體接觸，朋友和家人也需要，特別是當人們遭遇痛苦和危機時，擁抱可以舒緩情緒。如果覺得身體緊貼的擁抱過於尷尬，可以變成勾肩抱，或者拍拍手臂或手背。

伴侶之間身體的接觸會更加親密。試著吃飯時膝蓋靠著膝蓋，或是提議爲對方按摩。你或許會覺得談論親密舉止很羞恥，但人對碰觸的渴求，就和對禮物的渴求一樣自然。

了解自己與對方表達愛的方式

巧門博士指出，了解與溝通雙方愛的表達方式是很重要的。不同的人會喜好不同的表達方式，就像不同地區的人會使用不同的語言。我們都有自己最先習得的表達方式，就像每個人都有母語一樣。

而雙方愛的表達偏好不同，會使得一方覺得自己已經努力表達愛意了，另一方卻總覺得不夠，從而產生不滿與衝突。就像兩個語言不通的人無法溝通，於是感情在誤解中破裂。所以，很多時候不是你表達得不夠或是做得不好，而是因爲你們沒有了解和學習彼此愛的表達方式，沒有進行有效的愛的溝通。

巧門博士認爲，要改善這點，關鍵是站在對方的角度，了解對方喜歡什麼，而不只是拘泥於自己偏愛的表達方式。也許對方給你的關懷不是你最喜歡的，卻是他心目中最美好的東西。人們需要針對這點溝通和交流，確保雙方沒有誤會彼此的付出，並根據雙方的喜好調整愛的表達。

除了要學會表達愛，也需要學會辨識對方的表達方式。每個人偏好的表達方式都不同，比起強迫對方按照自己偏好的方式去表達，不如接受和享受對方的表達方式。當然你也可以提出期望，對方如果愛你，也會願意做出一些調整，但必須是雙方共同做出妥協，而不是單方面無窮盡地、高標準地要求對方。

把愛的表達變成一種日常習慣

最後，不要刻意地表達愛意。研究發現，當一個人刻意對他人做出維持關係的舉動時，對方能察覺到這種刻意。一旦，他認爲行爲別有目的，便會保持警惕和距離。試著把表達愛意變成日常的小習慣，接受愛意的一方會更容易回應。

此外，愛的表達也需要不斷地練習，越常表達就越熟練。如果不開始試著展現愛意，人們會對愛的表達感到陌生和焦慮。就像當你第一次說「我愛你」時可能會感到彆扭，但第一百次說「我愛你」時會自然很多。不妨從今天開始，試著對你在乎的人表達愛意吧。

我都這麼生氣了，你就不能說句話嗎？

親密關係中的溝通僵局

「我都說這麼多了，你能不能說句話？」——不知道你有沒有對人說過，或是被人問過這句話。

生活中我們可能都見過這種人：平時溝通還算順暢，一旦在進行重要但困難的溝通時，就會以沉默應對。在嘗試溝通時，不管如何要求他開口，希望他表達自己的想法，他也依然只會沉默。

慢慢地，你覺得自己越來越生氣，可對方卻絲毫不爲所動，甚至沉默得更加徹底，讓溝通陷入僵局。

沉默，可能是人類的互動方式中最令人費解，也最容易讓人誤解的一種。這樣的沉默在親密關係中，可能是最爲常見，也是最令人抓狂的。你在關係中遇過這樣的沉默者嗎？

為什麼你越激動，他越沉默

我身邊也不乏感到對牆一般的伴侶無計可施的朋友，他們總愛問我：「他到底是故意氣我，還是眞不知道說什麼？」我的答案通常是，兩者皆有可能。

沉默，有時是主動選擇的策略，有時也可能是被動啓用的防衛機制。下面來分別聊聊這兩種情況。

情況一：沉默是武器，用來傷害你

故意的「沉默相待」是常見的情感操控方法，也是被動型攻擊的形式。

臨床心理學家海芮葉．布瑞克（Harriet Braiker）認爲，這種沉默是對對方的懲罰。當沉默成爲策略時，背後有明確的目的：獲取權力、表達憤怒、引起關注，他們也清楚自己這樣做的後果，包括對對方造成傷害。

在對方急切想要溝通的時刻，保持沉默的那一方，與情緒激動的一方相比，通常是處於權力上風的。至少在那次特定的溝通中是如此。因爲比起對方，他們掌握著更多的訊息，感受到更多的確定性。他們大致清楚對方現在的感受，想要什麼，以及期望自己做出怎樣的反應，但是否予以回應的權力，卻掌握在他們自己手中。

此時，沉默是他們刻意給對方製造的不確定感，這種不確定感對任何人都是折磨。

情況二：除了沉默以外，我不知道還能做什麼

有的時候，在特定的溝通情境中保持沉默，也是一種出於自我保護、對關係和對方的保護的本能反應。當沉默作爲防禦機制時，通常有三種情況：

❶習得性無助的表現

在話還沒有說出口之前，沉默者就已經搶先無效化自己的話。他們預設對方不會聽，也不會理解自己，覺得開口沒有意義。這種悲觀的預期往往不是憑空產生的，而與過去負面的溝通經驗有關係。

❷對情緒的焦慮，進入了僵住不動的狀態

會遭遇沉默不語的，往往是讓人感到一定壓力的場景。比如談論嚴肅的話題，或是對話的另一方情緒十分激動。

一直以來，社會大眾與研究者們都認爲，人們在壓力狀態下會做出「戰」或「逃」（fight or flight）的選擇，或者投入戰鬥，或者轉身逃跑。近年來逐漸有研究者指出，

除了「戰」或「逃」，人們還會出現一種叫「僵住不動」（freeze）的反應[20]。

這是人們在面對巨大壓力時的應激反應。在「僵住不動」的狀態下，人們的表現與「戰」或「逃」時的反應不同。此時，血壓下降，行動與聲音都被抑制，看上去可能如同昏死一般。這是最難以控制的一種情況，在這種情況中，沉默者可能眞的由於過度緊張和焦慮而大腦一片空白，說不出任何話來。

過於恐懼和緊張以至於經常陷入僵住不動的人，也存在一些共通性。他們可能本身就是更容易焦慮的人，是對情境做出災難化的解讀；也可能是對他人情緒更敏感，更容易被蔓延過來的情緒浸染的高敏感者；又或是自小沒有習得處理衝突和應對他人情緒的能力，使得他們在這樣的情境裡格外如臨大敵。

3 避免爭吵

部分人誤解溝通，認爲爭吵才是最糟糕的情況，只要自己保持沉默，雙方至少沒有吵起來。即使對方因爲自己的沉默喪氣離開，也比吵起來要好。

如果抱有這種迷思，他們甚至會覺得沉默是還不錯的計策，至少能讓對方先「冷

[20]：Schmidt, N.B.,Richey, A., Zvolensky, M.J., & Maner, J.K. (2008). Exploring human freeze responses to a threat stressor. Journal of Behavior Therapy and Experimental Psychiatry, 39(3), 292-304.

靜下來」。

在一方沉默不語的溝通中，另一方往往處在試圖打破沉默、情緒激動、迫切地想讓對方開口的狀態。兩個人形成了一種在心理學研究中被稱爲「要求—退縮」的溝通模式，這通常出現在兩人產生矛盾或衝突的時刻[21]。

「要求—退縮」模式最常被放在親密關係和婚姻中研究。在這種模式中，一方扮演著「要求者」的角色，另一方則是沉默的「退縮者」。「要求者」是尋求改變、討論，或是問題解決方案的人；「退縮者」則是希望結束或是回避問題討論的人。在這樣的溝通情境中，「要求者」和「退縮者」是固定的搭檔[22]。

在對異性戀情侶或夫妻的研究中發現，女性更常扮演「要求者」，而男性更常扮演「退縮者」[23]。研究者普遍認爲，導致這種性別差異的並不是天生因素，而是與社會對性別角色的期待有關。研究者還發現，在一段呈現這樣溝通模式的關係中，「要求者」總是更想要改變的那一方，不論是改變這種模式，還是改變對方[24]，要求者通常也都是關係中更痛苦的那一方。

雖然身在其中的「退縮者」也會感到痛苦，但沉默和退縮對於他們來說，是有效的自我保護機制，至少短期是有效的。他們看似在承受著「要求者」的情緒和指責，但並不像「要求者」那般困惑、無助和無計可施。沉默者在這個場景中擁有著相對更高的權力位置。研究者認為，這種模式一旦形成就難以改變的重要原因，是溝通中的雙方認為變成這樣是對方的問題，是對方的行為促成了這種模式。不論是「要求者」還是「退縮者」，在問卷報告中都會說自己是「不得不這樣做」「只能這樣做」[25]。

另外，「要求—退縮」的模式極易演變成惡性循環。一方越是提出要求，對方就越是回避；一方越是急切地想讓另一方開口，另一方越是難以開口。

雙方的情緒、負面反應和未解決的矛盾都會不斷累積，「要求者」因為要求從未得到滿足，所以越來越困惑、憤怒和急躁；而「退縮者」對伴侶，只會越來越緊張、焦慮和恐懼，於是只能沉默。

---

[21]：Christensen, A. (1988). Dysfunctional interaction patterns in couples. In Noller, P., Fitzpatrick, M. A. (Eds.), Perspectives on marital interaction (pp. 31–52). Clevedon, England: Multilingual Matters.

[22]：Papp, L. M., Kouros, C. D., Cummings, E. M. (2009). Demand-withdraw patterns in marital conflict in the home. Personal Relationships.

[23]：Christensen, A., Eldridge, K., Catta-Preta, A. B., Lim, V. R., Santagata, R. (2006).Cross-cultural consistency of the demand/withdraw interaction pattern in couples.Journal of Marriage and Family.

[24]：Klinetob, N. A., & Smith, D. A. (1996). Demand-withdraw communication in marital interaction: Tests of interspousal contingency and gender role hypotheses. Journal of Marriage and the Family, 945-957.

[25]：Schrodt, P., Witt, P. L., & Messersmith, A. S. (2008). A meta-analytical review of family communication patterns and their associations with information processing, behavioral, and psychosocial outcomes. Communication monographs, 75(3), 248-269.

逐漸地，「要求者」在溝通中會表現出越來越多的批判和怨懟，對「退縮者」的退縮做出多種解讀，在原本的矛盾基礎上附加對沉默的批判[26]。如此一來，「退縮者」只會更想逃。無論「退縮者」如何表現自己不斷受到逼迫，研究指出，沉默者是在這類情境中享有更多權力的人，而要求者才是尋求關係中新狀態的那個人。很遺憾地說，「在乎的人更容易輸」的說法是有一定道理的（當然關係結束後釋懷的機率也要更高，因爲認爲自己盡力嘗試了）。

保羅・施羅德（Paul Schrodt）和保羅・維特（Paul Witt）對總計超過一萬四千人的七十四個關於「要求—退縮」模式的研究進行總結和分析，他們發現，呈現出這種溝通模式的伴侶對關係滿意度更低，與伴侶間的親密度和信任感也更低，更容易出現衝突，交流更少。

一旦建立這種溝通模式，「要求者」和「退縮者」都會更頻繁地感受到憤怒、焦慮、憂鬱和恐懼等負面情緒。

「要求者」還會時常產生被遺棄感和被拒絕感。這種有毒的溝通模式，長期持續會對雙方造成生理上的影響，包括損害兩人之間性生活的品質。

另外，在這樣的溝通中，幾乎所有衝突都會停滯在未解決狀態，不斷地累積，不斷地影響兩個人的關係。約翰・高曼（John Gottman）、妮安・希維爾（Nan Silver）在《愛的博弈》（*What Makes Love Last*）一書中提到，我們對未解決的事項的記憶力，要比對已完成和終止的事件的記憶力強約兩倍。

也就是說，在親密關係中，伴侶間的爭吵如果能夠以雙方達成共識爲結局，這段爭吵就會很快被遺忘。幸福的情侶並不像他們所回憶的幾乎沒有爭執，只是順利忘記了被好好解決的矛盾。也只有當下就被解決的矛盾，才會更快地被遺忘，不再繼續影響兩人的關係。

處於「要求—退縮」模式中的人應該怎麼做

如果你是要求的一方

對「要求者」來說，最重要的是，要在溝通出現疑似徵兆時清楚意識，並控制自

㉖：Eldridge, K., Cencirulo, J., & Edwards, E. (2017). 12 Demand-Withdraw Patter

己不要進入模式之中。

當對方開始退縮時，情緒本能會推動你，以更激烈的形式提出要求，但這時要求可能逐漸脫離了溝通的目的，變成情緒的發洩，你很清楚接下來等待你的，只會是更漫長的沉默。

你要意識到，不論對方是出於攻擊，還是自我保護，此刻的情緒就是「憤怒」和「恐懼」，這正是他退縮的主因。你的要求會加重對方的憤怒和恐懼，因此只會有反作用。

當對方開始退縮時，你能夠做些什麼呢？

答案是，你也應該後退一步，才有可能根本改變這種溝通模式，重構溝通的可能，你的退縮本質上是在移除他的壓力源。

如果你確定目的是溝通，而不是情緒的宣洩，第二件事，就是去撫慰對方的情緒，因爲敏感的沉默者能夠意識到你是眞的想要撫慰他，還是僅僅想要騙他說話，後者同樣只會帶來反效果。

最後，你需要認眞重中溝通的目的，注意在和對方重申時，更頻繁使用「我們」，而不是「我」和「你」，時刻提醒他和自己，在關係中你們是共同體，溝通的目的，也是爲了讓你們兩個更好。

在整個過程中，非語言的表達特別重要，你的語音、語調、面部表情和身體姿態，都可以爲溝通的順利增添助力。因爲對於退縮者而言，他們對這些非語言訊號的警惕性可能不如語言那麼高，從這些方面傳遞給他們的資訊，更能被他們所接受。

如果你是沉默的一方

作爲沉默者，如果你的動機不是想要攻擊對方，同樣可以練習用「非語言表達」代替「語言表達」。即使因爲過度焦慮和緊張陷入僵住不動狀態，給予非語言回應也是有可能做到的。僅僅是刻意地更靠近他一些，都可以傳遞出很多積極的訊息。

深知自己在特定情境中說不出話的沉默者，還可以準備一本「不說話辭典」。記錄下自己在只能沉默的時刻內心所想的話，寫在本子上，從很簡單的「我現在很難過」，很眞誠的「我很想回應你，但這個時候眞的不知道說什麼」，再到很具體、很詳細的內容。當你不知道怎麼開口時，便可以打開你的辭典。

比起要求者，沉默者的改變是更加困難的。沉默者有時確實不具備面對衝突的能力，沉默的傾向也有可能與人格特質相關，這兩者的改變都是更加困難的。

因此，我們給了要求者更多建議，並不是因為他們的問題更多，而是他們的改變是相對容易的。

不論你是哪一方，希望你都能夠在一些時刻，為了兩個人共同的舒服，忍受一點自己的不舒服，也在一些時刻，學著把「我們」放在「我」之前。

我就是不喜歡依賴別人

依賴無能：他們為什麼在情感中如此疏離

有個朋友曾表達過這種煩惱：「我發現自己是個不會依賴別人的人。雖然我也會感到孤獨，但每次向別人求助、提出要求，我都會感覺不舒服，於是多數時間，我都選擇自己扛下來。以前我不覺得有什麼問題，但後來男朋友總是抱怨在我身邊沒有存在感。我想問，人一定要依賴別人嗎？我這樣有問題嗎？」

這讓我想到了一個叫「依賴無能」的概念。臨床心理學家鍾妮斯·韋伯（Jonice Webb），用以下這些訊號讓你判斷自己是否是依賴無能者：

✓有人會用冷漠形容你

✓你希望讓他人留下獨立、強大的印象

✓愛你的人曾抱怨你在情感上過於疏離

✓你習慣自己的事情自己做

✓向他人求助，對你來說異常艱難

✓在太過親密的關係中，你會感到不適

✓示弱或是暴露自己的脆弱會讓你感到極其不舒服

✓你時常感到孤獨，即使身邊有親人和朋友

如果你發現你自己或身邊有這樣的依賴無能者，這篇文章也許會給你一些幫助。

什麼樣的人不會依賴別人

美國心理學家溫霍特夫婦（Janae Weinhold & Barry Weinhold）在他們關於依賴無能的書中指出，這些人對依靠別人這件事是心懷恐懼的，乍看之下可能是強大、自信，甚至是很成功的，但內心其實脆弱不安，雖然害怕，卻又隱隱渴望著親密。

如果這群人中存在一句共通的咒語，那一定是「我不需要任何人」——對別人這樣說的同時，也在內心這樣告訴自己。從行爲上來看，他們會盡可能回避對他人的需要，如果不得不依靠別人或者尋求外界的幫助，他們會感受到強烈的羞恥和尷尬，甚至因此厭惡自己。

這種依賴也包括情感上的，比如非常難過、孤單的時候也不願意告訴身邊的人，尋求慰藉與關懷。

與依賴別人相比，他們較能接受被別人依賴，可以的話，也希望別人不要依靠自己。因爲，依賴無能者對依賴本身抱有負面的評價，認爲自己的事就該自己做。他們不喜愛，也不擅長應付來自他人的依賴。

在人際交往中，他們有逃避人際交往的傾向。最好你是你，我是我。對他們而言，似乎只有避免你來我往的付出，才能獲得孤島般的獨立。

因此，依賴無能者最大的問題是，無法與他人建立深刻的連結和長久的關係。身邊可能不乏朋友和熟人，但那些試圖親近他們、建立連結的人，或多或少，都會在某個時刻發現和他們是隔了一堵牆——到了一個點就很難再靠近。

這是因爲依賴無能者鮮少在人前暴露自己的脆弱，時常讓伴侶和身邊親近的人產生找不到存在感的挫敗心情，好像自己的存在可有可無。

依賴無能者即使面對親近的人，也會把得到和給予的關係算得格外清楚——你幫了我一次，我一定要在下一次幫回來。長此以往，對方難免會感受到他們的疏遠和客氣。

依賴無能者也有依賴別人的衝動，在一些瞬間裡，他們會明確地感受到想要親近、依賴他人的願望，但他們很容易對各種微小訊號過度解讀，把他人的一句話、一個表情理解成拒絕，從而打消自己的念頭，用更加嚴實的外殼武裝自己。

依賴無能者並非發自內心地不想依靠別人，不渴望親密的連結。只是表達需求對他們來說太過困難，所以需求常常會以別的形式表達出來。

比如，他們可能經常讓別人聽到、看到自己的抱怨，卻又拒絕幫助；甚至指責、控訴對方沒有做好，彆扭地表達自己需要對方的事實。由於表達需要的方法是負面的，關係反而可能變得更加糟糕。

為什麼無法依賴別人

1 無法依賴別人，與自身的匱乏感相關

在成長過程中，如果長期感到需求無法滿足，就會產生一種長久的匱乏感。這種匱乏感不一定是客觀上的貧窮，也有可能是家長的主觀意識。比如，有一些家長由於自身的匱乏，或是不懂得正確的教育方法，會習慣誇張地跟孩子強調：「我們家很窮，你不要浪費，養你太花錢了，我們都快要養不起了，也不知道花這麼多錢養育你，你長大後能賺多少……」在這樣的匱乏感中長大的孩子，會建立起一種脆弱的自尊感。

「我沒有」的感覺從年幼時就和他們如影隨形，對於一般人來說，接受別人的付出，帶來的感受是溫暖；但對他們而言，接受幫助感受到的是虛弱和沒有力量。過程中，他們無法感受自己與對方是平等的，而是不得不承受他人的賜予，不自覺地把自己放在更低階的位置上，因為童年匱乏的經歷而感到被刺傷。

他們會認為，依賴別人、接受別人付出的那方，是弱勢的、低姿態的，即使事實

並非如此。他們排斥處於弱勢的情境中，就算不得不接受他人的付出，也會想方設法地還回去，恢復內心的平衡。

2 無法依賴的本質，也是信任感的缺失

溫霍特夫婦在書中指出，我們在三歲以前需要完成最重要的兩件事情：

❶ 與父母的情感連結

❷ 從心理上認識到自己是一個獨立的個體

依賴無能的形成是因爲沒有完成與父母之間健康的連結與分離。健康的情感連結意指，父母會肯定孩子表達自己的感受，會在他們需要依靠時給予支援和幫助。孩子在過程中能夠明白，自己的情感需求是正當的、合理的，不管在感到開心、難過、迷茫還是脆弱時，都有地方可以去，都有人可以依靠。

我們的安全感，以及對他人、對世界的最初的信任感，也正是在這個過程中被建立起來的。

這種情感連結帶來的信任感包含了三方面：

第一，相信自己對他人的需求是被歡迎的；

第二，相信他人有意願且有能力幫助自己；

第三，相信依賴他人、提出需求的舉動不會帶來針對自身的負面評價，對方不會利用自己暴露出來的脆弱反過來傷害自己。

但是如果在本該與父母建立情感連結的階段，感受到自己的情感需求既不被鼓勵也不被接納，甚至在想要尋求依靠的時候，感受到了負面的訊號。

比如，雖然父母為自己付出，也接受依賴，但態度卻總是讓孩子覺得「我在找麻煩」，如此一來，孩子就會對世界和他人產生出不信任感。

我們要先建立起健康的情感連結，才能夠在成長中完成與父母的分離，實現眞正的獨立。這種分離並不是物理上的，而是在精神上意識到自己是獨立的個體，可以有自己獨立的想法、情感和決定。

所謂從健康的連結中獲得自信，意即在他人對自己的接納中，我們也認可了自身。所以，我們相信自己的判斷和感受是有價値的，也有能力從內部感受出發，爲自己的人生做決定。

未能形成健康情感連結的孩子，有一部分會走上錯誤的分離道路。他們看似非常獨立，但其實這種獨立不是從內心的感受出發，即使內心感受到對他人的需求時，他們也會強迫自己不這樣做。這種獨立實際上是基於別人對自己的評價，他們只是在做別人眼中獨立的人。

依賴無能者如何學會依賴，建立真實的連結

1 認識你對依賴的恐懼

想要消除對依賴和脆弱的恐懼，你需要意識到自己的恐懼。很多依賴無能者不明白，不依賴別人的狀態並不是因爲不想，而是因爲不敢。爲了幫助自己認清，你可以試著問自己幾個問題：

- 你是否因爲不會依賴，而失去了很多本可以獲得的幫助、支持和機會，使你在很多時候處於一個不利，甚至不公平的位置上？
- 不會依賴別人這件事是否常常讓你感覺自己孤立無援，在這個世界上是孤孤單

單的一個人？

- 不依賴別人是否總是變成阻礙你和他人關係的絆腳石，讓你感受不到人與人之間連結的深刻和豐富，而這爲你帶來了痛苦？

你會發現判斷的關鍵在於這種不依賴，或者說是獨立帶給你的究竟是快樂，還是痛苦。

2承認和嘗試交流你的恐懼

有時候，你可以在關係中表達需求和脆弱，從告訴對方你有多害怕開始。你可以明白地告訴對方，你有隱藏的無法被表達的事實和情緒；或者在想要表達的時候，什麼原因可能令你感受到不安全；或者在你曾經試探時，是否是對方的反應和舉動令你猶豫和退卻。你們可以共同分析這種恐懼的來源，這將對你表達需求提供有效的幫助。

關係中對彼此的依賴，是逐漸展開和深入的。每一次表達都彷彿一種測試，當你的不安全感一次次被證明是多餘的，對方能夠接納、能夠讓你依賴，並且未曾離開時，你們的信任關係就會更加堅固，表達脆弱和依賴對方也變得越來越自然，你們也會更深入了解對方並建立連結。

如果脆弱測試的結果證明，他並不能給予你想要的回應，他的表現是冷漠的，甚至是傷害你的，那麼也有助於你進一步地評估和決定這段關係。

你需要知道，相互依賴對於一段關係而言是不可缺少的養分，而不是負擔。真正愛你的人，也會在你向他尋求依靠的過程中獲得安全感，以及對這段關係的信心。

3從小事開始練習依賴

雖然你已經讓對方明白你的恐懼，也意識到了自己的問題，你也要知道，學習依賴不是一蹴而成的過程。

你可以從很小的事情開始，比如在感冒生病的時候，請求對方幫你倒一杯水、買一盒感冒藥。從這樣相對積極的小事做起，要比一開始就讓對方幫自己一個大忙，或者掏心掏肺更簡單。

為什麼無法擁有一段穩定的親密關係

什麼是缺乏主動控制力

我們收到過一則很長的留言：

不知道為什麼，每當關係裡出現了一點點讓我感到不滿意的地方，比如，對方沒有及時回覆我的消息，我就會十分憤怒，開始質疑他是否已經不像當初那麼愛我，那麼重視我了，甚至和他大吵大鬧……我常常因為一些很小的事情，就忍不住全盤否定我們的感情。

但沒多久，對方開始及時地回覆我的時候，我就會立刻覺得他還是很愛我、很在乎我的，之前可能只不過是在忙手頭上的工作。我會為自己之前懷疑對方、否定彼此的感情而感到懊悔和愧疚，覺得自己不應該因為一點小事就患得患失，不應該對他發脾氣。

他不止一次地說我太小題大作了——喜歡的時候，就覺得他是完美伴侶，對他癡迷，對他百依百順；不喜歡的時候，又對他厭惡至極、恨之入骨，只想立刻一拍兩散。最近，他提了分手……說自己太累了，他想要一段比較穩定的感情，不想這樣時好時壞。可我也不想這樣，但我不知道自己為什麼會這樣，我該怎麼辦？

有著這樣類似困擾的人其實並不在少數。他們對另一半的感情總是在兩個極端之間來回擺盪——時而將對方視若珍寶，時而又將其視若仇敵；他們對自己感情的擺盪束手無策，因此很難擁有一段長久穩定的關係。

儘管，這樣對待感情的方式，總是被籠統地概括爲小題大作，但其實背後可能有著更深層的心理動機。

情感的反覆，源於理想化與偏執化的扭曲

「理想化的扭曲」（idealized distortion），指的是把他人過度理想化，認爲對方

是完美的，是眞誠地、善良地愛著自己的；而「偏執化的扭曲」（paranoid distortion）指的就是偏執地認爲他人是無情的，甚至會欺騙和傷害自己，即便事實並非如此㉗。

在日常生活中，我們或多或少會理想化某一些人，比如，美好的初戀情人；又或者偏執化另一些人，比如，曾經傷害過自己的人。不同的是，有著理想化與偏執化扭曲的人，他們的理想化與偏執化都是極端的，並且是面對同一個人時交替產生的感受。

正如留言中所說，他們會在理想化伴侶的時候，認爲對方是完美的，而在偏執化的時候，又認爲對方一無是處。在關係裡的一些小事，比如對方是否及時回覆自己的消息，會激發情感在這兩種極端之間來回切換。

事實上，這種理想化與偏執化的扭曲，是一些人應對內心負面感受的防衛機制。

理想化的扭曲是最原始的防衛機制，會透過理想化關係自我保護，這種被理想化的關係，意味著有一個完美的人全心全意地愛著我。於是可以證明自己是值得被愛的，可以被愛的，讓內心的焦慮能夠得到緩解和安撫。

對於用理想化這種手段自我撫慰的人來說，每每想到那個理想化的對象存在，且

㉗：Clarkin, J.F., Yeomans, F.E., &Kernberg, O.F., (2006). Psychotherapy for Borderline Personality: Focus on Object Relations. American Psychiatric Publishing, Inc.

愛著自己，就會感到由衷的溫暖和快樂。

偏執化的扭曲則是一種投射。當人們太想要擺脫自己內心的不安和痛苦（比如，不相信自己可以被愛）時，便有可能投射至外部他人，認爲是他人的傷害造成了自己的痛苦，因爲傷害來自外部，而不是自身，我們便有正當性去對付它。

這就是爲什麼留言中，對方沒有立即回覆，會讓他懷疑對方不愛自己而大發脾氣。其實，是因爲內心深處的感受而痛苦，比如「我是一個被人拋棄的人」「我是一個沒有人愛的人」。

人們之所以會形成理想化與偏執化扭曲這樣的防衛機制，與童年的不良經歷密切相關。這些負面的感受，像是內心的焦慮感或不安和痛苦，不是因爲當下的這段關係，而是童年的痛苦經驗，彷彿久治不癒的傷口，持續地隱隱作痛。

眞正讓他們陷入情感反覆、時好時壞的，表面上是對方沒有及時回覆了消息，實際上，是過去的經歷，在他們內心裡遺留下的焦慮、不安和痛苦。

什麼樣的經歷會讓人們形成理想化與偏執化的扭曲呢？我們曾不止一次地提到，當我們還是個嬰孩的時候，由於認知與心理功能尙未發育完全，對於外在他人的認知是局部的、碎片式的。

比如，當照顧者（主要是母親）回應我們的需求時，我們便會認爲他是「好的」。而當他未能回應我們的需求時，我們便會認爲他是「壞的」[28]。

隨著與照顧者的互動中，累積了夠多被滿足關愛的經驗，伴隨認知能力的發展，我們開始擁有對外在現實與內在感受複雜性的理解力和容忍力。也逐漸認識到眞實世界並非是非黑即白的，「好」與「壞」可能同時存在於同一個人身上，理解「我認爲的好人、愛我的人，也可能做出讓我感到不滿的事」。並且在照顧者偶爾無法滿足需求的時候，逐漸學會忍受暫時的不快。

由此，我們才能擁有對他人完整的、連貫的認知[29]。成年之後，當所信任的人，偶然做出令人不滿或失望的事情時，我們對他的態度與看法，才不會輕而易舉地被顚覆。

相反，如果在幼年時期，沒有得到照顧者足夠的關愛與回應，甚至持續地被忽視或虐待的話，我們對他人的認知便會停留在之前的「分裂狀態」。在絕對的好與壞之

---

[28]：Klein, M. (1957). Envy and Gratitude, a Study of Unconscious Source. New York, Basic Books.

[29]：Klein, M. (1935). A contribution to the psychogenesis of manic-depressive states. In: The Writings of Melanine Klein,vol. 1, p.262-289. London, Hogarth Press.

間來回擺盪，當對方做出讓我們滿意的舉動時，我們便會理想化；而當對方令我們不滿時，便又立刻偏執化對方。

不僅如此，幼年時得不到回應與關愛，還會在心中留下持續的焦慮、不安與痛苦等負面感受，這便是所謂久治不癒、隱隱作痛的傷口。

在過去充滿創傷性的環境中，理想化與偏執化扭曲，其實發揮著一定的保護作用。比如，在得不到滿足與愛的時候，可以透過理想化，在內心擁有一個完美照顧者的陪伴。

不過，當人們不再處於那樣的情境時，就需要有意識地覺察自身的理想化與偏執化的扭曲，並且管理和調節相關的情緒和行爲。因爲這種模式對關係有著巨大的破壞力，當偏執化扭曲發生時，對關係是充滿毀滅性的。

主動控制力是應對情境的調節能力

人們之所以能夠有意識地調節和控制自己，避免讓情感的反覆傷害到彼此的關係，需要依賴於被稱爲「主動控制力」的特質。

主動控制力，指的是人們能夠在面對一些情境時，有意識地克制自己的「首選反應」，而選擇做出「次選反應」的能力[30]。這涵蓋了人們對於自己注意力、情緒、行爲等的自主調節能力，屬於個體自控力的一部分。

也就是說，當對方在某件事情上無法滿足我們，比如，沒有及時回覆消息時，我們能夠主動地控制，有意識地讓自己從關注對方沒有回覆（首選反應），轉移到「他平時有空都會及時回覆消息」；「他很坦誠，有事情會直接表達」；「他一直以來都很愛我」（次選反應）。

抑或是，當我們在對方沒有回覆時感到憤怒，可能會讓一個人做出衝動、破壞性的舉動（首選反應），比如瘋狂打電話聯絡對方，逼迫對方解釋，威脅分手……。然而，主動控制力會讓我們能夠在感受到憤怒的同時，選擇不做出衝動的舉動（次選反應），比如，試著等到對方回覆自己時，再詢問剛才不回覆的時間裡發生了什麼。

這種主動控制力能夠有效幫助人們避免一葉障目，主動看到對方當下的行爲之外的整體，避免因爲偶然事件，而全盤否定對方。也能夠幫助人們調節和控制衝動的行

㉚：Fei, G., et al., (2011). Non-shared environment and monozygotic adolescent twin di erences in e ortful control. Social Behavior and Personality. 39(3), 299-308.

爲，避免因一時情緒波動而做出傷害關係的舉動。

這種主動控制力的形成與發展，被認爲受到先天與後天因素的共同影響。研究發現，在基因上表現出與血清素相關「多態性」的人，更可能天生缺乏自控的能力。另外，對雙胞胎的研究證明，從小接受更多溫暖平和、更少敵對嚴厲的家庭教育的孩子，能發展出更好的主動控制力[31]。

研究者們認爲，孩子能夠在與家長的互動中，觀察學習家長們主動控制的行爲模式。比如當父母被孩子惹怒之後，仍能心平氣和地講道理，孩子便可能從中習得面對憤怒所能做出的次選反應。

看到這裡，也許很多人也會困惑：如果自己也是這樣容易情感反覆，時而將對方理想化，時而又將對方偏執化，並且常常無法控制，做出傷害對方和彼此關係的事情，應該怎麼辦？

如何應對情感的反覆與缺乏主動控制力

首先，你要學會在當時的情境中看待對方的行爲，一葉之所以能障目，與人們的過度想像和解讀有關。比如，對方沒有回覆的時候，有些人會想像對方正在做背叛自己的事，或者，對方沒有及時回覆自己，是因爲已經不如從前那樣重視自己、在乎自己了。

但，很多時候，未及時回覆就只是未及時回覆，承載的其他意義是主觀賦予的。

其次，要學會從情境中走出來，不要失去整體性與複雜性的眼光。要學會理解這個世界與他人的複雜性，眞摯中也可能包含做作，高尚中也可能包含齷齪，而在邪惡裡也同樣找得到美德。即便在與對方陷入矛盾衝突，或是令你不安痛苦的時候，也要能夠想起你們彼此擁有的美好時光，或是一起克服困難的時刻。

最後，一段穩定、安全的關係，也能夠在某種程度上幫助你。這段關係不一定非得是親密關係，也可以是專業的諮詢關係。對方不會因爲你的理想化與偏執化扭曲，

㉛：Fei, G., et al., (2011). Non-shared environment and monozygotic adolescent twin di erences in e ortful control. Social Behavior and Personality. 39(3), 299-308.

情感的反覆起伏而離開，能夠在面對你的偏執化扭曲（激怒他、傷害他）時，仍然關心、支持你，持續地給予你安全和信任，滿足與回應。

這能幫助你擁有更多的積極經驗（對方總能及時回應我的需求），讓你得以學會忍受消極經驗（對方有時不能回應我的需求），以及隨之而來的痛苦感受，繼而逐漸獲得對他人完整的認知，和對消極感受更爲健康的應對機制。

另一方面，你在被激怒傷害時候的表現，也有助於你學習和獲得主動控制的方法。

他曾經很愛我，為什麼在一起之後百般挑剔

你可能愛上了一個最愛自己的人

你覺得自己在關係裡如履薄冰，害怕自己哪裡做得不夠好，他就會苛責於你，或者好多天不聯絡。

你發現他的需求開始淩駕於你的需求之上。任何時候，你都會優先選擇滿足對方、遷就對方，只為了讓對方滿意。然而，無論你多麼為他著想，他也不感激。對你的一切付出都視為理所當然。

他永遠不記得你做對了什麼，只會記得你做錯的一切。你覺得他像個完美主義者，因為不管你怎麼做都無法達到他的要求。

你們的關係裡出現了第三者，你發現自己需要和對方爭奪另一半的注意力，而你的另一半還會不斷拿你和對方做比較。

像他挑剔你一樣，你開始挑剔自己，覺得自己一無是處，這段關係甚至讓

你感到前所未有的虛弱。

如果你有如上的感受，很有可能，在親密關係中，你的另一半是一個自戀者[32]。

自戀者，即那些具有自戀型人格特質的人。我們曾在很多文章中提到，有些人的自戀特質會表現出自負（又被稱爲膨脹型或浮誇型自戀者，下文所指的自戀者均爲此類），而另一些人則會表現出自卑（又被稱爲沮喪型或脆弱型自戀者）。相比之下，膨脹型往往被人們認爲是有魅力的、優秀的，且也更願意與之發展戀人關係[33]。

就讓我們來聊聊這個話題：愛上一個自戀者。

解析自戀者情感模式

學者們認爲，當關係中的另一半是自戀者時，人們的親密關係似乎總是陷入這樣的模式：追逐——改造——貶低[34]。

1 追逐獨角獸（Chasing the unicorn）

在確立關係之前，一旦自戀者認定你是他心目中的獨角獸（獨特而優秀），他便會竭盡所能地追求你。

他常常會把對你的稱讚掛在嘴邊，認爲你很完美、獨一無二，是此生唯一的理想伴侶。甚至當你主動展示脆弱的時候，他也會將這些都視作你與衆不同的一面，倍加珍惜。不僅如此，他會表現得非常在意你，頻繁地聯絡你，隨時隨地回應你的需求，給予你所需要的關注，即使再忙，他都會無條件遷就你的時間安排和喜好。

透過以上種種，他讓你相信（只有）他眞正懂得欣賞你、眞實的你，無論是你好的還是壞的一面；他對這段感情充滿誠意，全身心地投入和在乎你。

2改造（Construction project）

在你們確立了關係之後，他開始挑剔你身上所有令他感到不滿的部分，甚至會聲

32：Arabi, S. (2017). 11 Signs You're the Victim of Narcissistic Abuse. Psych Central.

33：Jauk, E., Neubauer, A. C., Mairunteregger,T.,Pemp, S., Sieber, K. P., & Rauthmann, J. F. (2016). How Alluring Are Dark Personalities? The Dark Triad and Attractiveness in Speed Dating.European Journal of Personality.

34：McWilliams, N. (2011). Psychoanalytic diagnosis: Understanding personality structurein the clinical process. Guilford Press.Grey, S. (2013). The three phase of an arcissistic relationship cycle: Over-evaluation, Greenberg, E. (2017). Why do narcissists abuse those they love? Psychology Today.

稱「你怎麼變了那麼多，和我剛認識你的時候完全不同了」。他也會不斷建議你做出改變。儘管他說「這都是爲你好」，事實上很可能是爲了讓你接近他心目中完美伴侶的樣子，他們是極度自我中心的。

誠然，在親密關係的磨合期，伴侶雙方都會試圖改變對方。不同的是，當了解改變並不是你想要的，或是會讓你感到痛苦時，自戀者並不會停止建議，相反地，他擅長把自己的回應當作籌碼，迫使你改變。比如，當發現你不願意做出某些改變時，他會表現出對你喪失興趣，開始減少與你聯絡，時常很久都不回覆你的消息。

不僅如此，他還會對你不接受他的建議，感到憤怒或失望。對於自戀者而言，拒絕建議，意味著貶損和攻擊他的自我價値與自尊感。

3貶低（Devaluation）

隨著關係的深入，你們之間並沒有因爲之前的磨合而變得彼此親密、互相包容，相反，大多數時間，你聽到的不是讚美而是指責。這些指責也不再僞裝成建議，他對你的挑剔變得近乎刻薄。在爭執時，他甚至開始用言語攻擊你，肆無忌憚地傷害你。

不僅如此，你們的關係也開始變得複雜，開始出現第三者，可能是一個人，也可能是多個人，可能是他的新歡，也可能是前任。他不斷在你面前強調對方有多好，讓你感到卑微和比不上。

最終，他可能會突然消失在你的生活中，「幽靈式」是自戀者最常使用的分手方式。他們不告而別，留你在關係中不知所措——「我們是分手了嗎？」「爲什麼？」「是不是我又做錯了什麼？」「我哪裡又讓他不滿意了嗎？」「他眞的愛過我嗎？」

心理學家艾莉諾．葛林柏格（Elinor Greenberg）認爲，自戀者擅長於追逐，卻不知道如何擁有眞正的關係。他們的關係很多時候都僅止於追逐的階段，一旦關係確立，他們便會忍不住想要迅速結束，以便開始下一場追逐。換言之，當你主動要求分開或是長時間不聯絡他時，他有可能再次回到對你百般呵護的狀態之中（因爲你們的關係又恢復到了他需要追逐的狀態）。

為什麼自戀者總是會陷入這樣的感情模式

1 理想化是致命的吸引力

自戀者在追求另一半時，往往會將對方理想化。不過，這種理想化最終是爲了回到自己身上。他們會下意識地認爲，別人是他們的延伸體，存在就是爲了滿足他們的需要，是自戀最好的供給。也就是說，自戀者努力追求一個理想化的伴侶，只是爲了證明自身的魅力。

在他們眼中，越優秀的人就越有吸引力。而心理師在臨床經驗中也發現，被自戀者選中的對象，的確在社會地位、學識等方面更爲出衆，或在社交圈內更受歡迎。因而，這對自戀者而言，追求並得到這樣理想的對象，就是對自我的肯定。

所以，他們會在追求的過程中，毫不吝惜給對方讚美，稱對方爲自己的「命中註定」，那個最特別的、不可替代的、完美的伴侶。對於那些被追求的人而言，「理想化」無疑也是很有吸引力的。

然而，這種「理想化」卻也可能是致命的。一旦雙方確立關係，自戀者得到了想要的自我肯定時，便會轉化成一種對伴侶的要求和期待。他們無法忍受伴侶是不完美的，因爲「一個完美的你，才能配得上這樣完美的我」，所以，他們會希望伴侶不斷地改變，以滿足自己對於完美伴侶的期待。

某種程度上，將另一半理想化，是自戀者在情場上，總能一帆風順的原因，同時也是他們在確立關係之後，總會百般挑剔另一半的原因。

2極度需要維護自尊感

知名精神分析師南希．麥克威廉斯（Nancy McWilliams）指出自戀型人格的人需要不斷從外部獲得認可，來維持內心脆弱的自尊感。而他們獲得他人認可、維護自尊感的方式，主要是自我提升與自我保護[35]。

他們一方面不斷向他人展示能力與成就（自我提升），維護自己在他人心目中的形象，並獲得他人的崇拜或尊敬；另一方面，他們也會壓制或貶損其他人來襯托或彰顯自己的優秀（自我保護）。

㉟：Wurst, S.N. , et al. (2016). Narcissism and romantic relationships: The di erential impact of narcissistic admiration andrivalry. Journal of Personality and Social Psychology, 1-24..

這意味著，當他們在追求另一半時，他們不僅顯得自信、迷人（自我提升的結果），還善於在對方的其他追求者中脫穎而出（自我保護的結果）。然而，當雙方確立關係之後，對方不再是他需要爭取和追求的對象，此時，出於維護自尊感與自我保護的需要，他們也會貶損曾經竭盡所能追求的對象。

3缺乏客體恆常性

心理學家瑪格麗特．馬勒（Margaret Mahler）認爲，發展出客體恆常性的表現，是一個人能夠認識或相信，生命中的一些人或事物是持續會出現的、是值得信賴的、可靠的；當受到這些人或事物的傷害時，儘管會感到憤怒、受傷或失望，但仍然可以抱有積極的情感連結[36]。

她認爲，這種客體恆常性的形成，與母親在嬰兒時期能否及時回應孩子的需求有關，而自戀者就被認爲是缺乏客體恆常性的。

他們無法理解，無論你是否按照他的想法行事，你都可能是愛他的/是完美的。在自戀者眼中，當你讓他滿意時，他就覺得你是完美的，而當你讓他不滿時，他就會認爲你不愛他/是不夠好的。因此，只要你令他感到不滿，他就會試圖苛責你，或是改變你。

由於缺乏客體恆常性，在與另一半出現分歧，或爭吵而感到不滿、失望或憤怒時，他們往往會如同短暫性失憶一般，忘記仍然是愛著對方的，導致他們不顧分寸地傷害到對方。

4 缺乏同理心

克里斯多夫．拉許（Christopher Lasch）在《自戀主義文化》（*Culture of Narcissism*）中說，對自戀者而言，世界是一面鏡子，而他們永遠只能從鏡中看到自己，沉迷在自己的世界裡。

他們無法理解自己的建議（苛刻要求）怎麼會讓另一半感到痛苦，在他們眼中明明是為了對方的利益，因此，他們常常在不經意間傷害到對方，並且對此毫不知情；他們能在認知上明白自己的要求，會讓對方感到不適，卻無法感同身受對方情緒上的

㊱：Dodgson, L. (2017). Narcissists aren't capable of something called'object constancy'— and it helps explain why they are so cruel to the people they date. Business Insider.

痛苦，於是對自己造成的傷害毫不在意，也無所顧忌（因爲感覺不到究竟有多痛）。

沮喪型與膨脹型自戀的人更容易相互吸引。我們曾提到過，在自戀者中，自卑與自負其實是互爲表裡的。沮喪型自戀的人將自負的部分隱藏，而膨脹型自戀的人則是將自卑的部分壓抑。他們試圖將這些被自己壓抑、隱藏的部分投射到他人身上，此時，另一半作爲對方投射性認同接受的容器，需要能夠表達他們不敢表達的部分。

因此，沮喪型自戀的人，會希望自己的另一半是自信的、有魅力的（作爲他們被壓抑的自負的表達），膨脹型自戀的人，也會被一些沮喪型自戀者吸引（作爲被隱藏的自卑的表達）。儘管膨脹型自戀的人仍然會貶低或苛責對方，但這使得他們對於自己體內自卑部分的嫌惡得以抒發和表達。

可以說，自戀者自身的一些特質，使得他們的關係，總是陷入這樣的模式之中，並且常常無法持久。那麼，如果伴侶是自戀者，該怎麼辦呢？

的確，愛上一個自戀者，無疑是一件充滿挑戰的事情，因爲無論你多麼愛他（或者他多麼愛你），他人格中自戀的部分，都會讓你們的關係變得十分困難，有時候也會令你忍不住懷疑自己的愛，會不會是一場獨角戲。

爲此，你需要：

了解他（自戀的伴侶）看似莫名其妙地、不分輕重地傷害你的行爲，很多時候與他的自戀——內心維護自尊感的渴望、缺乏客體恆常性，或是缺乏同理心能力有關。不要過分在意他在傷害、指責、貶低你時，所使用的言辭及其內涵。

時常和自己進行一些積極的對話，告訴自己「我是值得被愛的」「我很好」，不要因爲他對你的傷害，就自我懷疑或自我否定。

學會堅定自我。你需要清楚讓他知道，什麼樣的行爲會有怎樣的後果；什麼樣的傷害是絕不容許的；以及，什麼時候是你該離開的時候。

我們無法改變他們，但你可以在必要的時候選擇離開。並不是因爲這些人是自戀者，這個世界上，想要憑自己的力量改變其他人，都是十分困難的。

與你身邊值得信賴的人分享，討論你在這段關係中的感受。他人不僅可以給你情感的支持，還可以幫助判斷你是否還有必要爲了留在這段關係中，爲他找藉口，委曲求全，自我欺騙。

最後，你需要學會給自己一些獨處的時間和空間，滿足你自己的需求，而不是成天爲了他的需求奔忙。

如何停止喜歡不喜歡你的人

你不是喜歡痛苦，你只是習慣了痛苦

很多人會有這樣的困惑：

不知道為什麼，我總是喜歡上那些並不喜歡我的人，因此我常常覺得很痛苦。現在雖然在戀愛，可很多時候也能感覺到，對方並不是真的喜歡我……我不明白這是為什麼？我是不是停止不了這種輪迴了？

這個問題讓我想到電影《令人討厭的松子的一生》中的主角松子。松子從少女時期開始，就始終懷抱著對美好愛情的幻想和憧憬，毫無保留地去愛別人。可是，松子也總是愛上那些不夠愛她，或是沒有能力給她一段健康親密關係的人。因此，直到她短暫的一生走到終點，也沒能得償所願。

如果你也有相似的煩惱和困惑，別擔心，這不是命運的詛咒，也不是罕見的疑難雜症，背後有具體的原因，也有良好的解決方法。

他是不是真的喜歡你，其實沒那麼容易辨別

很多時候，識別一個人是不是眞的喜歡自己，並非易事。很多時候，人們總是跟不夠喜歡自己的人在一起，因爲他們沒有意識到，對方其實沒那麼喜歡自己。

我們對愛的理解，其實有很多誤解，正是由於這些關於愛的誤解，使我們常常把別的東西，錯當成對方愛自己的表現。

1 語言好壞都是一時的，行動才是你需要關注的

眞心喜歡你的人，會把你的利益看得很重，甚至爲了你妥協自己的需要，犧牲自己的利益。很多人在關係中把言語看得太重。我們記得對方一句諾言，或是一句惡語，透過言語判斷對方對自己的情感。因爲一句諾言快樂，因爲一句惡語痛苦。但其實語言是瞬間的，情緒性的，什麼都不能擔保，也什麼都無法說明。

只有行動能成爲判斷一段關係的依據。忘記他說過的一切，想想他做了什麼？在某個情境中，他如何選擇？是選擇了優先照顧自己的需求，還是優先照顧你的需求？大部分情境中，他的選擇是什麼？

如果行動中能夠看出明顯一致的趨勢，那就是你該信任的，至少能代表較長期的結論。

2別把錯誤的行為誤解為愛的表現

大概是從國中開始，「霸道總裁」類的小說和電視劇突然流行了起來。除了標準的高、富和帥以外，另一大特色就是對另一半有極強的占有欲、控制欲和嫉妒心。他們會打著像是「因爲我愛你」「你是我的人」這樣的名號，肆意入侵對方的邊界，約束對方的行爲。

對錯誤行爲的浪漫化，加深了我們對愛的誤解。說著愛你，卻限制你和朋友之間的正常來往；說著愛你，卻不讓你做自己喜歡做的事；說著愛你，卻常常讓你感覺如履薄冰，似乎連基本的自由都受到了威脅。

事實上，過強的占有欲和控制欲通常並非出於對伴侶的愛，而更像是一種自我滿足，也是過度自戀的表現。

很多人會覺得，對方爲我吃醋，難道不是因爲太在乎我、太愛我了嗎？很可惜，答案是未必。當所謂的吃醋，演變成了對你生活的過度干涉，甚至完全不顧你的個人意願時，就不再是喜歡了。因爲他不惜爲了自己的心理感受，傷害你的生活和感受。沒有尊重的關係，只是單方面滿足自己的自私。

3 你需要把激烈的情緒和喜歡區分開來

還有一種情況也常常被誤當作愛的表現，那就是一些激烈情緒的流露。比如說，對方可能會爲了你痛哭流涕，爲了你歇斯底里，爲了你做一些看似很瘋狂的事情，甚至不惜傷害自己。但這些都不能成爲「他是眞心喜歡你」的證明。

法國電影《敢愛就來》中的朱利安和蘇菲，這兩個人的癡纏糾葛持續了二十年，他們的情感激烈而又熾熱，可以爲了對方做任何事，但不代表他們懂得什麼是愛。那種激烈的、失控的情緒灼傷了他人、對方和自己，使得兩人未能走向好的結局。

眞正的喜歡和愛，是尊重對方的需要和感受，考慮什麼是對對方好的，了解什麼是對方想要的，尊重對方的意願和自主的選擇。把自己強烈的情緒宣洩給對方，只是自己需要而已。

每個人都會自私，但因爲喜歡，我們會努力尋求雙贏，越是喜歡，會更傾向選擇把對方的利益，放在自己的利益之前。所有關係中，都一定存在需要妥協的時刻。心甘情願妥協的時刻，就是雙方確認喜歡存在的時刻。

為什麼你總是喜歡上不喜歡自己的人

很多人把自己痛苦的時刻，錯誤理解爲這說明「我眞的很愛他」。所以，在喜歡上不喜歡自己的人時，他們頻頻感受到自己被對方刺痛，但卻不斷把這解釋爲「自己眞的在乎對方」「即便這樣我仍然被對方吸引，他一定是特別的那個人」。

精神分析大師查爾斯．布倫納（Charles Brenner）曾經指出，我們心靈運作最基本的機制就是「趨樂避痛」，但在這些人身上卻不是如此。這是認知對我們心靈施加的欺騙，影視戲劇、言情小說，告訴我們虐戀才是愛得深，於是頭腦在痛苦和深愛中劃上了錯誤的關聯。

痛苦固然是愛的一部分，但不要忘了，快樂也是的。你並不喜歡帶來很多痛苦的人，你的本能原本會這樣告訴你。你只需要反覆告訴自己，因爲一個人感到快樂，才更能說明你喜歡那個人。

除此之外，總是喜歡不喜歡自己的人，或是甘願待在這樣的人身邊，主要原因還是低自尊。低自尊者總是覺得自己不夠好，相信自己配不上美好的事物和人。

因此，當這群人面對不喜歡自己的人時，他們才會感到眞實：這就是世界該有的樣子，他看到的是眞實的那個「不夠好」的我。而那些很喜歡他們的人，讓他們感到不適，他們在這些人面前，找不到眞切的自我。

我們首先會追求眞實的存在，然後才追求幸福的存在。當我們認爲不被喜歡才是應有的眞實，就永遠也走不進快樂的人生。

另外，還有一種常見的情況，就是只喜歡（至少在一開始）不喜歡自己的人，並且沉迷於努力讓他人喜歡上自己。而在對方終於喜歡了自己之後，就又沒有了興趣。

這看似和上面的情況十分不同，但本質上也與低自尊有關。這類人因爲無法從心底認可自我的價值，所以不斷透過讓「不喜歡自己的人喜歡上自己」，證明自己是有魅力、有價值的，是值得被愛的。當對方喜歡上自己以後，一切又變得不眞實了（令自己厭惡了）起來。因爲潛意識在說「這不是我應得的」。同時，他們也不再能從中得到提升自尊的幻覺了。

除了自尊水準，一次又一次地喜歡上不喜歡自己的人，還有可能是陷入了創傷的強迫性重複。簡而言之，就是曾在愛中受過傷害的人，因爲潛意識裡想要改變當初的結局，所以一遍又一遍，置身於類似創傷極有可能發生的處境中，希望改變事件的結局。

然而，臨床經驗中，學者們發現，儘管佛洛伊德認爲，人們重複的目的是重獲掌控。但現實中，人們幾乎從來無法如願。強迫性重複導致更多苦難，有時是受害者自己受苦，有時是他身邊人受苦。

如果想要停止喜歡不喜歡自己的人，給你一些小建議：

第一件事，是認眞覺察自己在喜歡那個不喜歡自己的人時的感受。

你可以好好問問自己，喜歡他這件事對你而言，究竟是不是痛苦，大大蓋過了快樂的時刻？如果一時半刻不能得出確切的答案，你可以給自己一段時間，用日記或是即時記錄的形式，將你和他在一起，或是想到他時的感受和想法記下來。

除此之外，你還可以問自己親近的朋友，他們是否覺得你在這段時間裡的狀態是好的、開心的？有的時候，身邊的旁觀者會比自己看得更加清楚、客觀，一個人是開心還是難過，在了解他的人眼裡也顯而易見的。

這樣做還有一個好處，可以防止在對方偶爾看似對你不錯的時刻，忘記大部分時候，自己是如何煎熬，因爲人總是好了傷疤忘了疼的，尤其是在面對自己喜歡的人時。

同時，你還需要了解健康的親密關係，是建立在雙方平等，互相尊重，肯定對方的價值，重視對方的意願上，這些都是建立好的親密關係的基礎。在這樣的關係裡，兩個人好似兩棵依偎著彼此的樹，即使親密得枝葉都纏繞在一起，也始終是相互獨立的兩棵樹，不會讓身邊的樹按照自己想像中的模樣生長，愛著對方本來的樣子。

就像佛洛姆在《愛的藝術》裡所說的：「愛是人身上的一種積極力量。這種力量可以衝破人與人之間的樊籬，並使人與人結合。愛可以使人克服孤寂和疏離感，但同時又能使人保持個性，保持自身的完整性。在愛中會出現這樣的悖論形態：兩個生命合爲一體，又仍然保留著個人的尊嚴和個性。」

最後一點，也是我始終相信的一點是，愛自己是被愛的最重要前提。當伴侶對你不夠好、不夠重視你時，你要能夠感到憤怒，要發自內心地覺得自己值得擁有更好的，要有能力爲自己爭取。

一個不喜歡你，又從你對他的喜歡中獲益的人，不值得你的付出，因為我們每個人都一樣，需要雙向的、對等的情感，你需要被珍視。不要習慣任何會讓你感到痛苦的東西，無論是一個人，還是一種關係。相信我，你不是喜歡痛苦，你只是習慣了痛苦。

如果你也是看不到自己可愛之處的人，不如試試臨床心理學家梅蘭妮・芬內爾（Melanie Fennell）的小練習，試著回答下面這些問題：

- 你有什麼正向的品格？不用完美地擁有它。沒人能做到百分百地誠實不撒謊。如果你有，就寫下它。
- 你有過什麼成就，不論多麼微小？
- 你有什麼天分或才智，不論多麼微小？
- 其他人喜歡或者欣賞你哪些方面？想一想人們一般誇獎你什麼。
- 你欣賞哪些特質？有時候發現他人身上的優點會更容易，我們可以用他們和自己比對。
- 你沒有哪些缺點？既然有些人更容易想到負面特質，不如先想想，自己是不是殘忍、冷血等等，如果你的回答是不，那麼忘掉這些，將你想到的其他缺點寫下來。

- 一個關心你的人會怎麼評價你？設想一個你所知道的尊重、支持你的人會怎麼形容你。如果你有很親近的朋友，並且你很信任他們，可以讓他們幫你列出一張他們喜愛你的清單。

在更全面認識自己的美好之處之後，也希望你能漸漸明白，如果你還在喜歡不喜歡你的人，沒有關係，那並不是你的錯。

但請你至少爲自己保持開放性，不要關閉遇見其他人的機會。也許你會遇到一個人，讓你知道眞正被喜歡是什麼樣的感受，從此你就能夠拒絕那些不夠好的戀人。

一段感情有可能徹底改變我們嗎？是的

依戀損傷：親密關係中的心理創傷

在一段親密關係中，你是否也常常：

對於另一半所說的話，你總是將信將疑，即便試圖說服自己相信，但還是會忍不住懷疑。

你對親密關係中的細節非常敏感，你總是忍不住反覆思考對方行為中，可能傷害你的蛛絲馬跡，或是背叛的證據，甚至為此常常失眠。

對方常常抱怨，覺得無論如何都得不到你完全的信任。

你常常感到揮之不去的擔心，擔心對方會拋棄你，背叛你，或者做傷害你的事。

你常常會不由自主地想起一些不開心的往事，可能發生在這一段關係，或者之前的關係裡。就像是解不開的心結，反覆影響著你的親密關係。

對一段關係感到諸多不滿的時候，你沒有勇氣放手。對於你來說，重新開始一段關係意味著可能會受傷。

如果以上這些描述，都是你熟悉的日常，很有可能，你在當下的這段關係裡，或者在曾經的某段關係中，有一些未被修復的傷痛，而你正持續受到這些傷痛的侵擾。過去的終會過去嗎？我們該如何從過去感情的傷痛中走出來？這篇文章可以給你一些答案。

什麼是依戀損傷

婚姻治療大師蘇珊．強森（Susan M. Johnson）[37]在婚姻諮詢的臨床研究中，首次提出了「依戀損傷」的概念。學者們認爲，在親密關係中，當一方破壞、違背或達不

[37]：Johnson, S.M., Makinen, J.A., &Millikin, J.W. (2001). Attachment injuries in couple relationships: A new Perspectiveon impasses in couple therapy. Journal of Marital and Family Therapy, 27(2),145-155.

到關係中的預期時，就會給另一方造成情感或心理上的創傷，此時依戀損傷就出現。

依戀理論的研究者認爲，幼兒與照顧者的關係決定了依戀類型，影響成年之後在親密關係中的表現。安全型的人能夠在關係中信任他人，容易與人親近；非安全型的人對他人無法信任，總是擔心被拋棄，又或者自我孤立，拒絕與人親近。

不過，一個人的依戀類型並不是一成不變的，蘇珊．強森認爲，一個人的依戀類型，會影響成年後的親密關係，同時，成年後的親密關係，會反過來影響他的依戀類型。

這也是爲什麼，一個人會在感情中受傷後性情大變，原本在感情中很有安全感的人，卻變得無法信任另一半，成天疑神疑鬼。

親密關係中的預期心態

依戀損傷的發生，與人們在關係中的預期有關。預期指的是對於關係本身，以及雙方在關係中言行的期待，主要包含兩個層次：

1社會中對於親密關係的基本期待

在社會上，大多數人對於親密關係都抱有這樣的預期：一段親密的、彼此存在感情交互的關係，雙方相互付出，並獲得親近感、舒適感及安全感。

彼此之間的平等和相互尊重，可以說是對於親密關係最基本的期待。

2雙方在關係中達成的共識

關係中的另一層預期則是因人而異的。有時，兩個人其實對關係抱有不同的預期，這與兩個人之間不夠充分的知情同意有關，爲關係中依戀損傷的發生，埋下了一些伏筆。

比如，關係中的A，認爲伴侶就應該能夠把工作之外的時間都花在彼此身上，然而B卻並不知曉這樣的預期。於是，當B花許多時間和其他朋友在一起時，A就很容易有一種「他不夠在乎我」的受傷感。然而，B對A關於關係的預期並不知情。

又比如，關係中的B，覺得兩人只是以一時愉快爲目的，並不想朝著更深承諾的方向發展。但通常，大多數人默認關係會隨著時間加深。於是，當A投入更深的承諾後，發現B完全沒有回應，甚至是拒絕的，A便會感到不被尊重甚而是被欺騙。此時，

B沒有把自己的預期告訴A，A在這段關係中對B的預期並不知情，也沒有同意。

每個人對親密關係的預期和承受力還是不同的，因此，相同事件發生在不同情侶間，並不一定會帶來依戀損傷。

依戀損傷帶來的影響與傷害，並不像身體創傷一樣，有著肉眼可見的傷口。那些未解的心結，不知不覺中持續影響著人們的親密關係，甚至在原有的關係結束之後，還持續影響著之後的關係。

不過，儘管依戀損傷不易被察覺，但人們還是可以透過主觀的感受，識別自己是否遭受到了依戀損傷。

依戀損傷發生時，你可能會有哪些感受

第一種：被欺騙

關係中，如果對方未像當初承諾的，或者社會主流默認的期待那樣關心你、在乎你，不能在你需要的時候給予支援；或者做關於你們兩人的重大決定時，不夠尊重你

的意見，很容易會有深深被欺騙的感覺。

第二種：被背叛

當你們彼此承諾會互相支持、不離不棄，儘管對方沒有出軌，但他先主動提出了分手（不離不棄的期待被破壞），你也會有被背叛的感覺。

就像英文中的背叛（Betrayal）可拆解爲，Be（徹底地），trayal（交付），背叛指的是：當那些我們以爲可以徹底交付的、值得信賴的人，做出了破壞了雙方承諾的事情時，我們會有的感受。

第三種：被辜負

你總是單方面付出，對方很少給予你回應，甚至把你的付出當作理所應當，對方的所作所爲都讓你感到失望；又比如，你總是在對方需要你的時候第一時間出現，但當你需要對方的時候，他卻總是遙不可及或無動於衷。在這些情況中，你就會隱隱有被辜負了的感受。

第四種：被否定

覺得自己對對方的信任、為對方所做的妥協與付出好像錯付了，甚至開始懷疑自己是否有能力，找到真正對自己好的人，是否有能力在一段感情裡獲得幸福，是否有人會願意善待自己（還是自己終究不配被善待）。這些對自我的懷疑，都可能帶來被否定的感受。

當這些感受出現時，有些人會清楚這可能為彼此的關係帶來的影響，從而努力找到問題的癥結所在，正面地去解決問題。也有些人並不了解這些感受，會對雙方關係造成什麼影響，因而選擇不主動處理，聽之任之，直至創傷給自己帶來更大的危害。

依戀損傷如何影響親密關係

當那些令我們感到被欺騙、被背叛、被辜負、被否定的事件在親密關係中發生時，帶來的不僅僅是不愉快的感受，還會直接威脅我們對外在世界和他人的看法。

瓊安・貝德（Joan Beder）教授認為，每個人心中都有一個關於「世界的設想」[38]，這是他所相信真實世界的樣子，也是說話做事、與人交往的行動依據。但當這些令人不愉快的事情發生之後，這個人的設想就可能被顛覆，不可避免地會威脅到他的安全感。

比如，一個人原本認爲，相愛的雙方都會關心對方，在乎對方的感受，不到萬不得已的時候，另一半不會做出傷害自己的事。但當他的另一半反覆做出傷害他的事時，他就會覺得這個世界與他所想像的不一樣，就連深愛的人都在反覆傷害自己，更遑論他人，那這個世界還會是安全的嗎？還有什麼人是他可以相信的嗎？

不僅如此，這些事件還會威脅我們對自我的認知與看法[39]，讓人們開始懷疑，自己是否有能力對世界和他人做出準確的判斷，甚至開始否定自我的價值，認爲可能是由於自己不夠好才不被珍惜，自己不配被人溫柔以待。

很多時候，在一段新的關係中，即便對方並沒有做出任何欺騙行爲，我們仍然持續不信任對方，歸根究柢，其實是我們對自己失去了信任。

這些認知上的改變，不僅使得我們對關係和對方不再信任，也讓我們不再相信自己。於是，不知不覺地帶著未修復的過去，痛苦的感受和扭曲的認知，用應對過去的

38：Beder, J. (2005). Loss of the assumptive world: How we deal with death and loss.Omega, 50(4), 255-265.

39：Gerlach, P.K. (2014). Overview of six common psychological wounds. Self-help.

方式，面對現在情境中的人和事，直到反覆被過去的創傷所捕獲，一次又一次成爲受傷的人。

面對依戀損傷，該怎麼辦

首先，你需要意識到自己是否正被上述感受包圍。此外，你需要分辨這種感受是否似曾相識，你對於世界與自我的看法，是否已經因爲過去的創傷事件而改變。

下列敘述能夠幫助判斷你的依戀損傷是否由來已久[40]：

- 在回憶過去的時候，你無法對自己的想法與情緒擁有主動權，一些不愉快的經歷，會不由自主地反覆出現在腦海中。
- 一些過去的人、事、物，可以輕易挑撥你的神經，使你陷入情緒的漩渦，變得敏感多疑，坐立難安。
- 你常常感到莫名的愧疚、羞恥、自責，覺得自己配不上現在的伴侶，或是覺得自己得不到眞愛。

- 你非常害怕新戀情，也會在新戀情開始的時候，感到強烈的不安與擔憂。
- 對於過去的經歷，你在現有的人生框架裡找不到它的位置或意義，總是感到困惑、憤懣、仇恨。

如果你覺得以上都是目前的狀態，很可能你有一些來自過去未被解決的依戀損傷。

對於那些來自過去的依戀損傷，我們需要承認自己的痛苦、難過、悲傷。

很多人在面對過去的傷害時，總試圖壓抑，逼迫自己遺忘。但婚姻治療大師蘇珊・強森認爲，人們可以在「哀慟與喪失」（grief and loss）的語境中看待依戀損傷。因爲無論是違背兌現的諾言，還是被破壞的約定，當依戀損傷發生時，某種程度上也意味著一種喪失，我們失去了一些很重要的東西；另一方面，在依戀損傷中，你對自我的認知受到了現實的挑戰和懷疑。當你試圖壓抑或逼迫自己遺忘的時候，事實上是進一步否定了自己的情緒，否定了在過去關係中屬於自我的部分（自己的付出與成長等）。

---

40 ·· Harvey, M.R. (1996). An ecological view of psychological trauma and trauma recovery. Journal of Traumatic Stress, 9(1),3-23.

因此，與其壓抑或遺忘，不如讓自己為失去正當地感到哀傷。

在承認情緒的同時，你才能從中尋找或了解，哪些事會讓自己感到痛苦、難過、悲傷，才有可能在今後的關係中提前聲明，盡力避免這些事情再度發生。

只有面對創傷，才有可能找到創傷對於你人生的意義，在你人生的框架中，找到解釋創傷的方式和存在的意義。

不僅如此，從依戀損傷的影響機制中，不難發現，我們需要在新的關係中，重建對世界和他人的信任。更重要的是，重建對自己的信任，不僅僅是當作情緒困擾應對。你可以尋求其他支持性關係的幫助，不要試圖隔絕自己與他人，一些健康的關係可以給你信心。

面對依戀損傷，我們要做的是撥開它們，看見最本質、最核心的自己，留出時間和勇氣去感受痛苦、釋放悲傷，給自己始終如一的信任。你很好，只是暫時運氣不好。

你也要嘗試新的約會，給自己機會遇見那個懂得尊重你、珍惜你的伴侶，等到深刻的連結終於建立，你會發現過去的一切，都顯得微不足道。

畢竟，跟幸福相比，痛苦是不值得被記憶的。

出軌後，多數人選擇了不分開

如何修復出軌後的關係

出軌不少見，調查發現有十五%至二十五%的美國人會在婚姻中出軌。在人們的想像中，出軌後雙方會大吵一架，並走向分離的結局。

但與人們想像的不同，現實中，多數人還是會選擇留在關係裡。根據珍妮佛·施耐德（Jennifer Schneider）等人的研究顯示[41]，出軌後會有六十%的伴侶威脅要和出軌者離婚，但其中只有不到二十五%的人最後終止了關係。也只有十%的出軌者會選擇離開原本的伴侶，並和情人在一起。爲什麼？

我們來談談出軌的影響？出軌後的關係又如何修復？

41：Schneider, J. P., Irons, R. R., &Corley, M. D. (1999). Disclosure of extramarital sexual activities by sexually exploitative professionals and other persons with addictive or compulsive sexual disorders. Journal of Sex Education and Therapy,24, 277–287..

出軌如何影響關係中的每個人

關係中一方的出軌，影響的不僅僅是出軌者，也會對原本家庭中的每一個角色產生影響，包括孩子。

1 出軌對被出軌者的影響

❶ 在出軌被發現前，就已經傷害到被出軌者

許多出軌者自我安慰說：「我不告訴伴侶自己出軌，伴侶就不會難過，不會受到傷害。」但心理學家馬克・懷特（Mark White）指出：出軌在被發現前，已擁有巨大的負面影響，因爲被出軌者缺失「伴侶對我不忠誠」的重要資訊，在錯信伴侶忠誠的基礎上做出人生選擇。由於不清楚自己被伴侶背叛，被出軌者可能會在不知情中，對出軌者付出與讓步。如果他們知情，可能會做出不同的選擇[42]。

出軌者在被出軌者不知情的情況下，影響了他的人生選擇。這是很大的傷害。

❷ 發現伴侶出軌後，被出軌者會經歷一系列負面影響

伴侶的出軌可能會嚴重傷害被出軌者的安全感。被出軌者原本以爲自己的關係是安全的，伴侶不會背叛自己。沒想到關係並不如所想的那樣安全。被背叛的打擊讓被出軌者用一種新的、多疑的目光打量世界：「如果我所認爲安全的關係已不安全，會不會這個世界也不像過去以爲的那麼安全？」被出軌者會出現一系列不安的反應：懷疑身邊人可能傷害自己、四處尋找會傷害到自己的跡象等等[43]。

此外，被出軌者會出現沉浸式思考，無法自控地反覆思考有關出軌的事。這是遇到挫折後常見的心理機制，透過不斷回想和反省，試圖從中學習，保證以後不再犯同樣的錯誤。被出軌者會反覆檢視當初伴侶出軌的種種跡象，後悔自己沒早點發現；或是反覆思考伴侶爲什麼會出軌。這個過程會帶來巨大的心理痛苦，讓人陷入憂鬱和折磨。

2 出軌也會對出軌者造成負面影響

並非只有被出軌者會被出軌事件傷害，出軌者本身也會遭受負面影響。

42：White (2017). Why Adultery Is Harmful Even Before It's Discovered. Psychology Today.

43：Spring, J. A. (2013). After the A air,Updated Second Edition: Healing the Pain and Rebuilding Trust When a Partner Has Been Unfaithful. Harper Collins.

出軌會引發出軌者的認知失調。這是指人們對事物的認知與事實發生衝突，從而引發心理上的不適。出軌事件會讓出軌者對原本的自我認知產生懷疑。

例如，出軌者原本認爲自己是個好人，然而事實是他們背叛了自己的伴侶。事實與自我認知的不一致，讓他們感到不安：「我不再是個好人了，那我是誰？我是惡人嗎？」許多出軌者會因此備受折磨。此外，隱瞞出軌本身會增加出軌者的心理壓力。

隱藏出軌的蛛絲馬跡，過雙重生活並不容易。一方面，出軌者得計畫好如何出軌；另一方面，要時不時擔心自己的謊言被人拆穿。害怕暴露帶來的焦慮感非常可怕，以至於許多出軌者在出軌被揭穿後，感到鬆了口氣，因爲再也不必說謊和隱瞞。

3 出軌還會影響到孩子

出軌損害的不只是伴侶雙方，還會對孩子產生不良影響。孩子往往會捲入家長之間的鬥爭，成爲爭奪的對象。

被出軌者會向孩子控訴伴侶的出軌行爲，希望孩子加入自己，出軌者可能會央求孩子幫助自己彌補關係。許多出軌家庭的孩子覺得被夾在中間，不知道該不該站隊、該站在哪一邊。同時他們又非常焦慮，認爲自己該爲家庭穩定負責，需要做家長關係的修補者，而沒有意識到出軌只是家長之間的問題，不該由孩子來負責[44]。

出軌事件也會影響到孩子對親密關係的看法。安娜．諾加萊斯（Ana Nogales）博士曾調查了八百名經歷過家長出軌的孩子：八十三％的孩子經歷過家長的出軌後，認爲人總會撒謊；七十．五％的孩子，對他人的信任受到影響；八十．二％的孩子，認爲出軌改變了他們愛與親密關係的看法，他們和被出軌的家長一樣，感覺自己被出軌者背叛[45]。

出軌有著種種不良影響，但很遺憾，這是日常生活中很可能遭遇的事件。假如發生了，應該怎麼辦呢？首先，你需要知道，對方是否眞的出軌了。

[44]：Duncombe, J. , & Marsden, D. (2004).Affairs and children. The state of affairs: Explorations in infidelity and commitment, 187-201.

[45]：Nogales, A. (2009). Parents who cheat: How children and adults are a ected when their parents are unfaithful. Health Communications, Inc..

出軌者會有哪些表現

安妮塔．范吉利斯提（Anita Vangelisti）教授研究發現[46]，出軌事件並非無跡可尋。在出軌前與出軌過程中，許多出軌者會表現出端倪。列舉這些可能的徵兆，並非是鼓勵大家對號入座，或是過度解讀伴侶的言行，而是在伴侶表現出以下徵兆時，我們應該如何處理。

1 出軌前，出軌者會疏遠自己的伴侶

如果出軌者有了心儀的出軌對象，準備出軌，他們會開始疏遠自己的伴侶。越是看重出軌對象，對伴侶就越疏遠。關係疏遠很容易體現在溝通上。

一個準備出軌的人爲了疏遠伴侶，可能會減少與伴侶溝通的時間（比如總是夜晚加班）、減少對伴侶的自我揭露（比如不再談論自己的感受），或是讓自己離伴侶遠遠的（比如總是出差）。有些準備出軌者甚至會迫使伴侶疏遠自己，他們有時會故意說出傷人的話，或表現得很粗魯來傷害伴侶，而痛苦的伴侶爲了避免受傷，便順了準備出軌者的心，自發地疏遠了準備出軌的人。

疏遠也不只體現在言語溝通上，有時也體現在非語言溝通中，像是減少肢體碰觸、減少眼神接觸，或者兩人總是陷入尷尬的、不適的沉默等等。這些跡象如果只是單一、偶爾地發生，並不能說明什麼；但如果同時出現，就需要警惕親密關係中出現了問題。

2出軌時，出軌者會努力保守祕密

出軌者開始出軌後，會傾向於保守祕密。越在意與伴侶的關係、擔心被揭露後的負面後果，越是會守住祕密；相反，如果對和伴侶的關係並不在意，越容易暴露出軌。有些出軌者想用出軌來結束與伴侶的關係，這種情況下，出軌者甚至會主動讓伴侶發現自己出軌。

當出軌者試著保守祕密時，有部分出軌者會繼續用疏遠的方式，減少和伴侶的接觸，防止伴侶從自己的言行中察覺出軌；有些出軌者爲了保密，反而出現反向補償行爲，比如原本不誇獎伴侶的出軌者，開始稱讚伴侶；原本性頻率一般的出軌者，刻意增加與伴侶的性接觸。一旦對出軌者產生懷疑，被出軌者便面臨「質疑困境」：被出

46 ∶ Vangelisti, A. L., & Gerstenberger, M.(2004). Communication and marital infidelity. The state of a airs:Explorations in infidelity and commitment, 59-78.

軌者公開質疑對方出軌之後，如果對方沒有出軌，被出軌者可能會被對方指責不夠信任，傷害感情；但如果對方確實出軌了，被出軌者又要面臨發現出軌後的諸多問題[47]。

貿然開口並不是好的選擇，你需要了解溝通是不可避免的。不要心存僥倖，認爲不經過溝通，就能解決關係中的問題。親密關係中的問題可能源於過去缺乏溝通，逃避溝通只會加劇兩人之間的隔閡，但在正式進行出軌溝通之前，你可以做一些準備：

第一，詢問自己是無根據的懷疑，還是有行爲上的證據。試著在心中列舉出對方的具體行爲（像是總是和同個異性頭像聊天），而不是只在猜想和懷疑（我認爲……我覺得……）。

第二，在正式詢問對方之前，先問問自己想從溝通中獲得什麼。你希望透過這次溝通更了解伴侶嗎？你有沒有思考過溝通可能的後果與後續應對？如果對方眞的出軌了，該怎麼辦？根據你想要獲得的結果，決定自己將要提出的問題。

在正式溝通時，要選個合適的時機溝通。如果對方忙著做其他事，肯定無暇與你談話。溝通開始時，不必直接質問，可以先針對具體行爲提問：「你爲什麼常去那家餐廳？」

在溝通過程中，切記要態度坦誠。例如，如果對方問你是不是懷疑他出軌，你可以溫和地回答是，因爲只有眞誠才能換來眞誠。如果你遮遮掩掩，對方也可以因爲你的態度，而拒絕和你溝通。溝通過程或許並不容易，但不要輕易中斷或者放棄溝通。溫和而堅定地把對話推進下去，直到你問完所有想問的問題，確定實現溝通的目的爲止。

如果對方確實沒有出軌，雖然你需要爲自己的懷疑道歉，但你透過溝通得到機會消除自己的懷疑，並能以此爲契機與伴侶討論如何增進兩人關係，避免再次懷疑。如果對方承認了出軌，你也不再被蒙在鼓裡，才有機會解決這個問題。

假如出軌發生了，我們該如何修復關係

即使關係中眞的發生了出軌，也不意味著關係必然會結束。伴侶仍然可以積極地修復關係，甚至提升關係的品質。

約翰．高特曼（John Gottman）提出了出軌修復的三階段：「贖罪」「同調」與「依戀」。我們將詳細地介紹每個階段可以做些什麼。

47：Vangelisti, A. L., & Gerstenberger, M.(2004). Communication and marital infidelity.The state of a airs:Explorations in infidelity and commitment, 59-78..

第一階段：贖罪

‧出軌者需要真誠地表達歉意

出軌者要向被出軌者道歉。道歉不僅僅只是說一句對不起。出軌者還要許下承諾保證不會再次出軌，同時自己會做哪些事情來保證不再犯，並儘量當著伴侶的面與出軌對象斷絕往來。

眞誠地表達歉意也包括聆聽被出軌者的指責。被出軌者需要釋放自己被背叛後的憤怒與傷心，才能在接下來順利溝通，出軌者也可以藉由聆聽伴侶的指責，表明自己願意承擔後果的態度。

‧重塑信任

出軌會傷害被出軌者的信任感，有些被出軌者會開始懷疑關係是否可靠，而關係很難在不斷的質疑中存續下去，出軌者需要重新贏得伴侶的信任。信任的重塑不能僅僅靠口頭承諾，更需要行爲上的改變。

由於被出軌者缺乏安全感，出軌者只是普通地表達愛意是不夠的。在重塑信任的階段，出軌者需要做出比平常更撫慰、更能拉近距離的行爲，有些行爲甚至要求讓渡部分隱私（例如，讓伴侶看自己的銀行帳單和通訊紀錄）。透過掌握出軌者的資訊，被出軌者能更篤定對方沒有再次背叛自己，慢慢地重新獲得對關係的確信。

臨床心理學家珍妮絲．亞伯拉罕．史普林（Janis Abrahms Spring）列出了能增進信任的行爲，她建議出軌者製作一個表格，每天列出當天所做相關行爲，避免遺漏。例如：

- 讓伴侶掌握行蹤（如果要出差，要給伴侶確切的出差地點與相關單據；減少過夜出差的次數；在白天打電話給伴侶……）
- 增加與伴侶相處的時間（按時回家；與家人一起吃晚飯……）
- 告知伴侶自己出軌關係的後續（告訴伴侶，情人是不是有聯絡你……）
- 增加對伴侶的自我揭露（告訴伴侶，你在想什麼、你的感受是什麼；讓伴侶知道你最喜歡他哪些方面，不喜歡他哪些方面……）

史普林博士也鼓勵被出軌者主動列下他們希望出軌者能做的事，被出軌者也能藉由這個機會表達對出軌者的不滿（我希望你能多和我說話），以及教會出軌者：什麼是能讓伴侶感到安心的行爲。

這個階段的核心是溝通雙方對關係的期望、恐懼、認識，加深對彼此的了解，談論這次出軌裡，雙方的責任及如何修復關係。

第二階段：同調

• 關於要不要談論出軌事件的迷思

許多伴侶不敢在事後談論出軌，傾向於當作心照不宣的過去。這可能是因爲談論出軌事件的負面想法，阻礙了人們溝通。常見的誤解之一是：「如果我告訴你出軌這件事對我的傷害，我可能會把你推得更遠。」

特別有些被出軌者不想失去伴侶，會擔心一旦表達了情緒，對方反而會更加疏遠自己。但實際上，一味地壓抑情緒並不能讓情緒消失，它需要釋放的管道，而且如果被出軌者不坦誠表達自己，出軌者可能會錯估出軌對關係帶來的影響，也不利於關係的修復。

另一個常見誤解是：「如果我承認我在出軌中的責任，伴侶會用這件事攻擊我。」出軌者擔心被出軌者會得寸進尺，不斷地用出軌攻擊自己。但是，對被出軌者坦誠自己過去的行爲和想法，能證明出軌者願意與被出軌者交流，也願意承擔起在關係中的責任。

而被出軌者則擔心：「如果我承認之前的關係中，我有做得不夠的地方，出軌者就會以此爲出軌開脫，我就無法指責對方或者提出要求。」眞誠地反省和檢視過去的不足，是提升關係裡重要的一步，認識到關係中自己可以改善的地方，才能好好彌補與改善。而且，承認自己的責任，也不代表出軌者的出軌就是可取的。兩個人可以透過溝通解決問題，而不是靠出軌者在關係外發展其他感情來解決問題。

・如何談論出軌

被出軌者通常會有許多問題想要問出軌者：「你爲什麼出軌？」「什麼時候開始的？」「你是怎麼出軌的？」但在深入詢問之前，被出軌者需要想清楚：這些問題對關係恢復有沒有幫助？避免問那些會讓自己痛苦，並且對關係毫無幫助的問題。例如，不要問出軌者「我和你的出軌對象，到底你更喜歡哪個」，得到的答案也許會讓你傷心，或者你並不信任對方的回答。

而出軌者面對被出軌者的問題，往往也不清楚自己該怎麼回答比較好。史普林博士建議出軌者不要隱瞞資訊，更不要撒謊（除非你想進一步失去被出軌者的信任）。但是出軌者可以用更有利於關係的方式回答問題，多討論自己的感受，避免談論一些令人不快的細節。

舉例來說，出軌者不要說「比起你，和出軌對象在一起讓我更開心，我們做了……」，而是說：「我和出軌對象在一起比較興奮，是因爲這件事是偷偷摸摸進行的。或許我們以後可以嘗試一些刺激的事。」

第三階段：依戀

在第三階段中，伴侶雙方加深彼此的連結，讓關係變得更加親密。在這個階段中，伴侶雙方可以建立表達愛意的日常慣例。像是經常向對方表達感謝，積極地回應伴侶的溝通，約好固定的時間一起做事，讓雙方對彼此的生活有參與感。

其實，如果有可能，我們希望在看這篇文章的你們，都永遠用不上這些知識和方法。但這世間從不溫柔，壞人和壞事都會發生。假如你遇到了，這只是宇宙中的機率事件，我們想告訴你：出軌只是人生中的一次經歷，令人痛苦，但未必代表關係的結束，更不會代表你人生的結束。積極地面對出軌，並作爲提升關係與自我的助力吧。

你還在想前任嗎？

復合怎樣才會成功

我要不要和前任復合？復合了會有好結局嗎？我想和他再試一次，可是不知道該怎麼做……如果你也還對那個愛過的人魂牽夢縈，並且不知道該怎樣重新開始的話，希望以下關於復合的討論，能夠給你一些啟發。

為什麼分手後會復合

和分手一樣，復合是一種關係的轉變。在進行相關研究時，心理學家們將其限定爲分開後正式重新在一起的關係[48]。社會學家莎拉·哈珀恩·米金（**Sarah Halpern-**

48：Halpern-Meekin, S., Manning, W.D.,Giordano, P.C., & Longmore, M.A. (2013). Relationship churning in emerging adulthood: On/o relationships and sex with an ex. J Adolesc Res., 28(2),166-188.

Meekin）認爲，分手後轉變爲僅有性的關係（炮友），或是關係中只有一方一廂情願認定彼此仍在一起的，都不能算作復合。分手或許只需要一個人點頭，但復合卻和當初一樣，要兩個人都知情同意。復合並不是罕見的事情。調查結果顯示，有四十五％的人都曾在分手後與前任復合過，而有過復合的想法的人，更是超過了七十％。大多數的人，都至少在某個時刻考慮過與前任復合。

從收到的來信看來，對於復合這件事，人們或許還抱有迷思：

迷思一：破鏡是難以重圓的

事實上，許多研究發現，分手後再在一起的關係能否穩定和長久，取決於兩個人在關係中的投入和經營，而非是否經歷過「分手——復合」這個過程。經歷過「分手——復合」的情侶，對關係的平均滿意度並沒有顯著低於從未分手過的情侶[49]。

的確，分開造成的傷害和不信任，可能會在復合初期對關係造成負面影響。但之後的路要如何走，能不能走下去，還是要看兩個人的努力及承諾程度。

迷思二：復合只會在特定的階段發生

在關係中，與分手相關的狀態可以大致分爲三種[50]：

- 狀態1：分手後不久就復合
- 狀態2：分手後，始終保持著某種聯繫（可能是熟人或普通朋友關係，也可能是炮友關係等等）
- 狀態3：分手後斷絕聯繫，不相往來，也可能各自有了新伴侶。

而復合，不僅會發生在第一種狀態中，也有可能發生在多年之後，而在此期間你們可能默契地互不聯繫（狀態3），也可能一直以情侶以外的身分相處著（狀態2）。

因此，人們並不會理智地選擇在某個特定時間復合。如果兩個人眞的要再在一起，也不存在「過了某個階段，就不可能復合」的說法。

[49]：Dailey, R.M., Middleton, A.V., & Green,E.W. (2012). Perceived relational stability in on-again/o -again relationships. Journal of Social and Personal Relationships, 29(1), 52-76.

[50]：DiDonanto, T.E. (2016). The truth about on-again, off-again couples. Psychology Today..

迷思三：復合只有成功和失敗兩種結局

蕾妮．戴利（René M. Dailey）等學者在研究中發現，分手後再在一起的關係，除了會邁向持久的穩定，或第二次徹底的決裂以外，還有些人會進入一種「分手——復合」的輪迴。復合了又分開，分開了再復合，反反覆覆，分分合合。研究者們認爲，這種輪迴是人們內心的矛盾感所導致的。

比如，復合後的關係讓人們較爲滿意，但同時又有可選擇的其他對象；或者是人們對復合後的關係投入了很多，然而彼此間仍有難以解決的衝突，便容易讓他們產生在一起時想分開，分開了又想在一起的感覺。這也是因爲，曾經有過分開的經歷，會讓分開這個選項出現得更加自然。

戴利還發現，有些人特別容易陷入這種輪迴。比如，總是把分手當作解決問題的方式的人——一言不合就分手，但這往往只是對關係中問題和矛盾的逃避。

什麼情況下，人們更容易選擇復合

1分手的方式或理由是模糊的

相比起直接且理由明確的分手，若是分手方式或理由是含糊、不明確的（如不告而別的鬼魂式分手，只說「我們不適合」，但說不出是哪裡不適合），人們很難有眞實的完結感。不知道這段關係究竟爲什麼結束，甚至可能不知道到底是不是眞的分手。

這種未完結的感覺，會讓人對一件事、一個人念念不忘，甚至記憶都會變得更深刻。除此之外，伴隨著不甘、疑惑和遺憾的未竟之事，會勾起人們追求完整的本能，不可控制地想要把這件事完成。

2分手不是因為有關係終一定要止的因素

人們是否會選擇和前任復合，還有一個常見的標準，就是分手是否是因爲觸碰到了兩個人，或者是其中一方的底線。

當兩個人是因爲瑣碎、情緒性的，以及現實層面的原因分手時，重新在一起的可能性更大。這是因為問題可能有明確的解決方法；另一方面，分手本身也提供反省的契機和動力，當人們自認為找到了導致分開的根本原因，以及解決方法時，就會希望彼此能夠重新開始，解決上一次未能成功解決的問題[51]。

3當兩個人的生活曾經有大量交集時

一段長期穩定的關係中，雙方會逐漸形成共同的「交互認知系統」[52]。這意味著，你們的記憶是互補的，你們對自我的認識也有一部分是來自對方，已形成了彼此間的默契思維和相處模式，透過這個共同的系統，看待世界和自己。

這也是為什麼，很多人在分手時，會有失去了部分的自己的感覺。「交互認知系統」的提出者還認為，兩人之間生活的交集越多、越豐富，留下的記憶越多，這種失去部分自己的感覺就越難受，人們會因此產生強烈的、想要找回這部分自己的衝動。

舉例來說，長期遠距離戀愛的情侶分手後，復合的可能性就不如那些朝夕相處的同居情侶高，因為對方在生活中的影子，沒有多到產生巨大的喪失感，相對能更快地適應沒有對方的生活。

一個人在另一個人的生活中，滲透得越廣、越深，一旦抽離就越會引起不適。

絕對不吃回頭草的又是哪些人

1 自戀水準較高的人

我們常常說的自尊心太強，指的是自尊超過了普通稍具自戀特質的人。當然，他們不一定能夠意識到自己是自戀的，甚至可能覺得自己很自卑。在之前關於自戀的文章中，我們也曾提到自戀分爲「沮喪型自戀」和「膨脹型自戀」[53]。

當自戀者是被分手的一方時，除了失戀都會有的悲傷以外，更會體會到強烈的羞恥感和憤怒，並把這種負面的情感體驗轉化爲對對方的感受，讓他們很容易（至少在

51：Bevan, J. L., Cameron, K.A., Dillow, M.R.(2003). One more try: Compliance-gaining strategies associated with romantic reconciliation attempts. The Southern Communication Journal, 68(2), 121-135.

52：Harris, C., Barnier, A., Sutton, J., & Keil, P. (2014). Couples associally distributed cognitive systems: Remembering in everyday social andmaterial contexts Memory Studies, 7 (3), 285-297.

53：Kohut, H. (2013). The analysis of the self: Asystematic approach to the psychoanalytic treatment of narcissistic personality disorders. University of Chicago Press.

一段時間內）對前任抱有憎惡的情感。因爲分手對他們來說，是絕對的拒絕和否定，是對整個人的拒絕，也是對他全部價值的否定。

自尊心太強的自戀者，內心十分脆弱。需要藉由討厭對方、怪罪對方，並絕不吃回頭草，來獲得內心的平衡。

2 相信人格是不可變的人

在卡琳娜．舒曼（Karina Schumann）和卡洛．德威克（Carol S. Dweck）[54]的研究中，將人格的信念分成了兩種：「相信人格是可變的」vs.「相信人格是固定的」。

在實驗中，七十九名參與者先回答一份問卷，問卷上同時有「人格不變」與「人格可變」的陳述，比如「人們無法眞的改變自己，有些人就是有良好的人格，而有些人則沒有」，或者「誰都可以改變他們的人格」，他們被要求回答是否同意這些陳述，並以此來區分他們是相信「人格不變」還是「人格可變」。

相信人格是固定不變的人，傾向於認爲人不太可能發生大的改變。他們相信，人的行爲會顯示出其本質，所以如果他們犯了錯，並且願意承認自己的錯誤，也意味著他們會告訴別人自己是個糟糕的人，同時堅信這點不會發生改變。當然，他們看待別人也是如此。

因此，不相信人格可塑性的人，在分手後更傾向認爲兩個人本質上不適合，而且兩個人無力改變。即便復合，也幾乎可以預見同樣的結局。

3 更理性的人

在生活中更加理智、冷靜的人，做決定和解決問題時，也更傾向於理性和邏輯分析，通常有良好的情緒管理能力。

他們不太會因爲一時衝動分手，當他們做出分開的決定時，必然經過了慎重的思考和斟酌，這也意味著他們不會輕易地改變自己的決定。

---

54 : Schumann, K., & Dweck, C. S. (2014).Who accepts responsibility for their transgressions? Personality and Social Psychology Bulletin, Vol. 40(12), 1598–1610.

如果想要和前任復合，該怎麼做

在正式做出復合的嘗試前，你需要提前思考四個問題[55]：

1你們為什麼分手

你在決定復合前應該要想清楚，到底爲什麼分開？是不是因爲觸碰到了你的底線；對你而言，這個問題是不是能夠被修補/解決。

比如，因爲距離、和父母溝通不暢導致的分手，與觸犯底線的行爲（如出軌）以及一些極其「有毒」的行爲（如肢體暴力），應該是非常不同的。

當你在那段關係中，受到了來自對方嚴重的情感操控，因而開始懷疑自己；或是覺得自己是毫無價值，那麼你需要慎重考慮復合這個選項，不論對方表現得多麼誠懇。

如果問題是可以被解決的，比如對方不夠照顧你的感受，或是你不能體諒對方的壓力，那麼需要考慮的是，這個問題將如何被解決？你們誰要做出改變？或是都需要改變？

如果問題有解決的可能，但沒有人願意讓步，或是根本無法解決，你們極有可能在復合之後，再度因爲同樣的問題分開，對於雙方而言無疑是二次傷害。

2 你為什麼要復合

如果你想回到這段關係，僅僅因爲外在原因：比如伴侶是你的部分經濟來源，提供你社會資源上的幫助……就不太可能會讓你發自內心地從關係中感受到快樂。

同樣地，如果你想要復合，是因爲在情感上極度依賴伴侶，比如沒有他就覺得一天無法度過，或者只是陷入沒有伴侶的孤獨（而這份孤獨並非特定的人才能填補），或許復合對你不是很好的選項。

只有當你想要回去，不是因爲被純粹的物質捆綁，也不是因爲被情感綁架——不願面對分手的痛苦，習慣了有人陪伴，想證明自己，想報復對方……而是因爲意識到自己依然愛著對方，並且確保你們都有信心和決心，爲對方提供相互的、積極的關係時，你們才有可能找到重溫舊夢的那條路。

55：Bockarova, M. (2016). 4 Questions you need to ask before getting back together.Psychology Today.

3 你是否真的願意為此投入時間和精力

只有當你眞正下定決心，致力於做出必要的改變，重建有價値的關係時，才應該考慮重新與前任在一起。這意味著，你要發現並討論之前沒有走下去的原因，並透過提升在關係中應對衝突、經營、溝通等技能改進這段關係。爲此，你甚至需要尋求一些專業協助。

要記得，若是把舊磚塊從過去的關係，帶到新的關係中，你只會建造同一棟房子。復合絕不是水到渠成的事，比起建立全新的關係，更需要努力和堅持。

4 對方和你達成共識了嗎

雖然你可能有動力重建關係，並且相信你們能夠使它重生，但如果你的前任並沒有完全致力於修復你們的關係，依然很難走下去。在投入復合前，你們需要眞誠地討論彼此的想法、感受、願望，他重建關係的意願，以及這段關係對他而言意味著什麼。

如果經過認眞的思考和判斷，你對這四個問題的答案都是肯定的，以下還有一些具體的方法：

❶ 分手後先給自己留足夠的時間和空間

在這期間，最好是能夠斷絕與對方的聯絡。喪失後的不適應與復合的衝動是十分普遍的，就算丟掉平常使用的東西，我們也會感到失落和不習慣，更不用說失去了曾和自己那麼親密的人。但選擇復合需要建立在你已經夠冷靜，且能夠獨處、照顧好自己的基礎上。

❷ 重建連結、吸引力和信任

在認眞地思考和準備後，你可以嘗試逐漸恢復聯絡，邀約見面（注意要循序漸進）。聊天和見面時，你應該讓他發現你的改變。如此一來，一方面，他能夠感受到你不一樣的吸引力，另一方面，他可能也願意試著相信改變是可能發生的。

同時，你也可以使用特定的技巧幫助重建連結和吸引力，比如不要操之過急，先試著和對方以朋友的方式相處，或透過講述、回憶共同經歷的美好時光，重獲對方的好感信任。但切記，你不能幻想透過一味地懷舊，就重新得到對方的心，更不能用過去來綁架現在的他。

❸ 一些需要避免的做法

- **毫無顧忌地入侵對方的個人邊界**。比如電話／訊息轟炸，強行要與對方見面，甚至在對方常出沒的地方蹲點。你要記住，你們已經不再是戀人關係，邊界應該要先退回到熟人，甚至是陌生人的距離。

・**試圖操控對方**。比如哀求，上演苦肉計，或是試圖用過去的事情綁架對方。

・**讓對方對自己予取予求**。你也要記住，即使你是復合的發起方，也不要以爲事事妥協，他就會回到你身邊。這可能會增加對方的負擔，或加深對你的輕視和利用。好的關係是相互且平等的，想要重新努力愛對方，也應當從愛自己開始。

Chapter

2

你也在假裝自己是情緒穩定的大人嗎？

你有識別情緒的能力嗎

不被情緒控制，從捕捉它們開始

我有個不算太熟的同學，有天偶然在小餐館裡碰見，聊了一會兒，時間不長，卻令我印象深刻。

他說起一件小事，事情很簡單，兩句就說完了。

但他緊接著一氣呵成地，用一連串長句，向我描述那一個瞬間裡，他的各種情緒，以及在電光石火間的演變。明明只是一眨眼，在他的敘述中卻如此豐富，以至於瞬間彷彿被拉得很長。他能夠如此敏銳地捕捉，並細緻入微地分辨一瞬間裡的多種情緒，還能用精確而生動的長句，把情緒描繪出來。當時我想，他很適合當作家吧。

等到後來學了心理學，再想起那次的對話，我對他的那種能力，有了專業的認識：他的情緒細微性很高。

我才發現這不僅僅關乎藝術表達，情緒細微性的高低，直接影響管理和應對情緒的能力。情緒細微性高的人，能夠分辨並表達自己的情緒，也更能掌控和管理自己的情緒，和情緒做朋友。情緒細微性高的人，不容易被情緒控制，提升情緒細微性，就能直接提升人們處理負面情緒的能力。

如何透過提升情緒細微性，和情緒和平相處，就是我們接下來要聊的話題。

情緒細微性：標記出不同情緒的能力

情緒細微性是麗莎．費德曼．巴雷特（Lisa Feldman Barrett）博士於九〇年代提出的概念，指的是區分並識別自己具體感受的能力。當我們在面臨突發事件、閱讀一本著作，或者身處其他喚起我們情緒的情境時，高/低情緒細微性的人對於自己所經歷的情緒，可能會有兩種不同的表達方式。

比如，在九一一恐怖攻擊之後[1]，有的人會說：「我的第一反應是巨大的悲傷……緊接著的第二反應則是憤怒，因爲對於這種悲傷，我們竟然無能爲力。」

---

❶：Kashdan, T. B., Barrett, L. F., & McKnight, P. E. (2015). Unpacking emotion differentiation transforming unpleasant experience by perceiving distinctions in negativity. Current Directions in Psychological Science, 24(1), 10-16.

有些人則會說：「我感到一股無法被確切描述的巨大情緒。也許是恐懼，也許是憤怒，也許是困惑。我只是感到非常非常糟糕。太糟糕了。」

前一種人是高情緒細微性的，他們能夠用具體的情緒詞彙，標記自己所經歷的感受。而後一種人則是低情緒細微性的，他們並不準確地知道自己經歷了什麼，總是用籠統的詞彙來表達，比如開心／不開心。

情緒細微性分爲兩個部分，一是感受，高情緒細微性的人，對情緒的體驗更豐富、更細緻入微，能確切感受自己的情緒；二是表述，高情緒細微性的人在擁有某種感受的時候，無論是新的還是在記憶裡的，他們能夠用準確的詞彙和良好的表達技巧來形容這個情緒。

越來越多的神經科學研究，找到各種具體情緒的分界——一些研究者認爲，我們的每一種情緒，都能夠精準地在大腦中擁有對應的位置。蒂芬妮·史密斯（Ti any Watt Smith）說，我們甚至可以將情緒理解爲完全客觀的存在，而不是我們所以爲的模糊和籠統❷。

為什麼我們要分辨情緒

那些感到糟糕，卻不知道自己所經歷的情緒究竟是什麼的人，更容易陷入被情緒控制的感覺。

麗莎．費德曼．巴雷特的研究發現，當情緒發生時，你需要知道自己經歷了什麼，才能掌握可能出現的生理、行爲反應，也才能明確地應對每種具體的情緒。

神經科學研究證明，大腦會不斷根據過去的經驗，決定如何對受到的刺激做出反應。久而久之，大腦會形成一套獨特的生理預警機制。比如，一個看到蜘蛛就害怕的人，他的大腦可能會在蜘蛛，或者僅僅是這兩個字出現時，就會升高血壓、釋放皮質醇❸。

但是，情緒細微性的高低，直接影響著這套預警機制的效率。如果你對情緒的感覺只是籠統、含糊的，比如「我眞的感覺很糟糕」「我的情緒很壞」，每一次感覺不好的時候，你都會產生一樣的、負面的身心反應，但這是重複的消耗，因爲你不知道

❷：Dahl, M. (2016). 10 Extremely Precise Words for Emotions You Didn’t Even Know You Had. Science of us.

❸：皮質醇：一種應激激素，在壓力狀態下，身體需要皮質醇來維持正常生理機能，避免進入僵死狀態。

自己每次需要面對的是什麼，也不知道如何解決。

高情緒細微性讓大腦在應對生活的種種挑戰時，有了更加精密的工具。麗莎・費德曼・巴雷特在《紐約時報》的撰文中表示，面對不同的負面情緒，只啓動一部分負面身心反應，損耗更小。

對於高情緒細微性的人來說，他們的應對情緒的能力會不斷變得更系統化、更精細，經驗會隨著人生閱歷而增加，久而久之，他們會形成如何應對每種情緒的工具庫。

而低情緒細微性的人，因爲不會眞正地認識過不同的負面情緒，也就無法好好處理，不知道如何分門別類，採取不一樣的策略應對處理。

於是，有些人會粗暴地將這情緒全部壓抑、隔離，而這些未被處理的情緒，反而會在心底慢慢發酵，也有的人會選擇粗暴地對抗，以至於對所有負面情緒都過分警覺。這兩種情形，都是無法精細應對負面情緒的結果，讓他們總是被自己的情緒傷害。

實驗證明，情緒細微性高會對人產生諸多好處。比如，高情緒細微性的人，較不容易在壓力下崩潰，或採取「負面的自我治療策略」，比如酗酒、暴食、自殘，也更不容易採取報復或侵犯他人的行爲，憂鬱和焦慮程度也較低[4]。情緒細微性甚至對健康有正向的影響，高情緒細微性的人看醫生、用藥的頻率也更低。

如何找到情緒的名字

情緒細微性分爲「感受」和「表述」兩個部分，想提升情緒細微性，也要從這兩方面入手。

1 當情緒出現時，找到它在座標軸裡的位置

我們可以用兩個象限對自己的情緒進行簡單、初步的分析。

一個是「喚起程度」，這是分辨讓你有感覺或者沒感覺的情緒，比如「憤怒」是比「悲痛」喚起程度高的情緒；另一個是「愉悅程度」（pleasure/displeasure），即面對刺激時產生的情緒是愉悅的，還是不愉悅的[5]。按照這兩個象限，我們所擁有的基本情緒，都能在座標軸上找到自己的位置。比如：

---

❹：Kashdan, T. B., Barrett, L. F., & McKnight, P. E. (2015). Unpacking emotion differentiation transforming unpleasant experience by perceiving distinctions in negativity. Current Directions in Psychological Science, 24(1), 10-16.

❺：Lewis, M., Haviland-Jones, J. M., & Barrett, L. F. (Eds.). (2010). Handbook of emotions. Guilford Press.

- 興奮是高喚起、高愉悅的情緒；
- 憤怒是高喚起、低愉悅的情緒；
- 平靜是低喚起、高愉悅的情緒；
- 悲痛是低喚起、低愉悅的情緒。

高情緒細微性的人，對於同一個區間裡的不同情緒也能仔細區分。比如，區分憂鬱、疲倦、無聊、悲傷（同為低喚起、低愉悅），而低情緒細微性的人則容易混為一談，只會使用「不好」統一形容負面情緒。

主動識別情緒所在的區間，並進一步嘗試識別區間內每種情緒的差異，是主動鍛鍊情緒細微性的方式，首先要把情緒轉化為能被表達的語言。

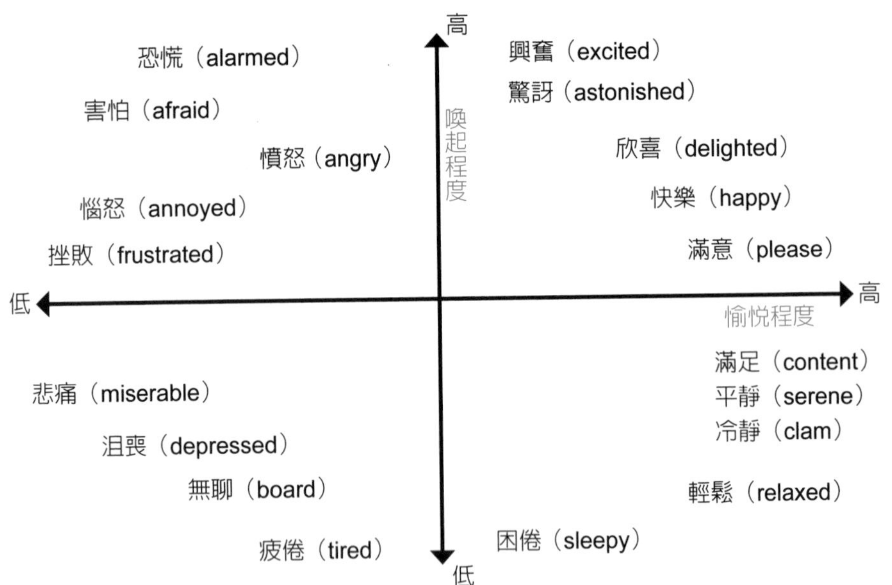

2 學習更多的情緒概念

耶魯大學情緒智慧中心的研究顯示，學校裡的兒童僅僅是透過學習更多的情緒概念，也能夠改善情緒管理能力，提高行爲表現。因此，如果想要提高情緒細微性，學習情緒概念相關的詞彙，和它們的具體含義，也是一個好辦法。

有趣的是，我們常常會發現，在世界上不同的語言中都有對於情緒的獨特表述，這些情緒的語詞存在於不同的語言中。梅麗莎．達爾（Melissa Dahl）[6]曾經整理了在各種語言中不爲常人所知的十種精準描述的情緒詞彙，比如：

- 甘え（日語，**Amae**）：依賴他人的好意，或者能夠心安理得地接受他人的愛。儘管現代社會裡的我們經常感到自己足夠獨立，但我們依然能感知到這種情緒，源於對他人深刻的信任感，無論是對搭檔、父母，還是你自己。
- **L'appel du vide**（法語）：虛無的召喚。在某一刻，你突然被無法解釋的思緒控制了大腦。比如，在等待地鐵開來的時候，會突然有跳下月臺的衝動，卻不

[6]：Dahl, M. (2016). 10 Extremely Precise Words for Emotions You Didn't Even Know You Had. Science of us.

知道衝動從何而來。這種情緒可能會使你產生喪失力氣、搖搖欲墜的感覺。

- **Awumbuk**（巴布亞紐幾內亞拜寧人的語言）：訪客離開之後的落寞。我們總是厭倦訪客將自己家裡弄得一團糟，但當他們眞的離開，又可能會覺得家裡空蕩蕩的。對，就是這種感覺。巴布亞紐幾內亞的拜寧人甚至發明了一種方式消除這種落寞的情緒，當客人離開後，他們就會裝滿一碗水在家裡過夜，吸收令人苦惱的空氣，第二天早起，鄭重其事地將那碗水潑到樹叢裡，開始新的一天。
- **Brabant**（英語）：想知道你能將別人逼到什麼程度。有一些人總能在戲弄他人當中找到樂趣，並且他們很想看看別人崩潰之前，能夠被戲弄到什麼程度。
- **Depaysement**（法語）：作爲異鄉人的喜憂參半感。陌生的環境，總是會刺激我們變成另一個自己，當我們外出旅行時，也非常有可能會做出在熟悉的場合不會做的事情。這種情緒是喜憂參半的，可能有欣喜的成分，也可能包含迷失、困惑。
- **Llinx**（法語）：在肆無忌憚的破壞中產生的奇怪快感。有時，你可能並非出於痛苦、煩躁或發洩，但就是想要製造一些混亂，比如在深夜踢翻路邊的垃圾桶，或者將桌上的東西都推下去，並且對此感到莫名的開心。

- **Kaukokaipuu**（芬蘭語）：對遙遠地域的渴望，或者思念從未到過的「故鄉」。有時，你明明沒有到過一個地方，卻會對那個國家、地域產生莫名其妙的渴望，甚至像是一種思鄉之情。
- **Malu**（印尼土著杜松語）：在比自己地位更高的人面前，突然感到手足無措、語無倫次。比如，突然偶遇景仰已久的前輩、喜歡的偶像、公司的CEO時，你漲紅了臉，卻一句話都說不出來。杜松人認爲，這種尷尬的情緒反應不僅是正常的，也是得體、有禮貌的。
- **Pronoia**（英語）：認爲所有人都在計畫使我快樂，雖然事實上可能並非是這樣。在沙林傑的《抬高屋梁吧，木匠：西摩傳》一書中，西摩·格拉斯（Seymour Glass）這樣自嘲：「上帝啊，如果要說我有什麼毛病，大概我就是被害妄想者的反面吧。我懷疑人們在計畫使我快樂」。社會學弗瑞德·戈德納（Fred Goldner）將這種情緒命名爲**pronoia**。
- **Torschlusspanik**（德語）：艙門即將關閉時的慌張。它可以形容在趕火車、飛機時艙門即將關閉的慌亂，或者當時間已經在不知不覺中流逝，感到截止日期越來越近時的不安。

以上只是列舉一些你可能不知道的情緒概念，如果想要學習更多，可以看看二〇一六年，蒂芬妮．史密斯（Tiffany Watt Smith）出版的《情緒之書》（*The Book of Human Emotions*），裡面列舉了各種不同的情緒概念。

要想控制和管理自己的情緒，而不是被情緒反制，我們需要學習更多，才能在每種情緒出現時捕捉到，說出它們的名字，而不是任其發展和蔓延。如此，情緒才能化敵為友。當你在感受到不高興的時候，要努力識別，不要再說「只有寶寶有小情緒」了。

停止煎熬的方法，是不再對抗

如何跳出心的困境

日常生活中，大多數困擾著我們的，並不是最近發生的事情，而是已經存在有些時日，甚至好幾年。像是和父母之間的衝突、放不下的前任、長期的憂鬱或社交焦慮等等。我們不斷地詢問爲什麼：「爲什麼我就不能走出來？」「爲什麼這麼久了，我還是覺得難過？」「爲什麼這一切要發生在我身上？」

爲了回答這些「爲什麼」，我們找到了心理學家史蒂芬．海斯（Steven Hayes）和史賓賽．史密斯（Spencer Smith）的《走出苦難，擁抱人生》（*Get out of Your Mind and Into Your Life*），結合這本書的觀點，和大家談談爲什麼會在傷害發生後備受煎熬，是什麼讓我們沉浸在負面的狀態下，我們又該如何緩解自己的煎熬感。

痛楚不可避免，不代表我們要為此反覆煎熬

「Pain is inevitable. Suffering is optional.」意思是說，儘管人們時不時總會有痛楚感，但痛楚感不一定會變成無休無止的、嚴重的折磨。

在書的開頭，海斯和史密斯提出：人們常常將痛楚（pain）和煎熬（suffering）混爲一談，但實際上，痛楚和煎熬是不一樣的。痛楚是對負面事件的感覺，是傷害發生的訊號。每當我們遭遇到傷害，大腦和神經就會做出反應，讓我們感受到痛楚；而煎熬發生在感受到痛楚之後，由引起痛楚的負面事件引發的負面狀態。

在煎熬的狀態下，人們會有一連串負面的感受、行爲和情緒，像是慢性疼痛、情緒低落、失眠等。比方說，被分手的那一刻，我們會感到傷心，甚至胸口疼痛，這些心理、生理上的痛楚提醒我們：「糟糕的事情發生了，我們失去了自己的愛人。」被分手的過程很短暫，在結束後，我們依然會不斷地回想前任、吃不下飯或是感到憤怒。這些事後負面的思維、行爲和情緒，就是我們處於煎熬狀態的表現。

痛楚和煎熬不同，痛楚是不可避免的，但我們能選擇要不要活在煎熬中。所有人都有痛楚，因爲傷害總會發生。每個人都曾經感受到身體上的痛楚；只要不是早早夭

折，人們總會經歷失去家人與摯愛的悲痛。人們不但無法回避痛楚，也需要痛楚。如果我們接收不到傷害發生的訊號，我們很有可能無法避開危險、生存下去。

但是，不是每次傷害都會導致煎熬。比如，一個人的父母總是批評他，但他透過全心地投入工作，在工作中找到了自己的價值感。於是來自父母的否定雖然會刺痛他，但並不會造成困擾，阻礙交友和發展親密關係，也不會經常想起這種否定，就沉浸在反覆回想，造成的負面情緒中不可自拔。

海斯和史密斯提到，他們的書針對的不是讓人們不再感到痛楚，而是如何緩解或者消除人們的煎熬。他們希望的是：在嘗試了書裡提供的方法後，困擾讀者的心理問題可能仍然存在（也有可能不存在），但能夠以不干擾讀者的形式存在。

在介紹具體方法前，我們先來聊一聊影響煎熬感的因素。

是什麼影響了我們的煎熬感

1 壓抑與否認讓我們更加煎熬

當傷害發生時，許多人會試圖壓抑或否認自己的負面思考和感受。比如，有些人在失戀後會反覆告訴自己：「不要去想了！不要為這件事難過了！」然而，思維和情緒都存在「悖論效應」：如果你試圖壓抑負面想法和情緒，可能會暫時消失，但很快會再次出現，或是轉變為其他負面的想法和情緒。

為什麼會這樣？原因之一是，當你試圖回避負面想法或情緒，你會反覆檢查自己是否有負面想法或情緒，反而給予更多關注。而且，當你試圖回避時，你會一遍遍想起可能帶來的負面結果，讓自己更加煎熬。

比如，你告訴自己「我不能再憂鬱了，如果我這麼低落，我就沒辦法好好複習，可能會考砸」，於是你專注於壓抑自己的憂鬱感，並陷入了對考砸的焦慮中，反而無法專注學習。

2將頭腦中的想法與現實混淆，會讓我們更加煎熬

有時人們會將負面念頭和現實連結，混淆了自己的想法和現實：他們認爲自己的負面想法，都將會在現實中成眞，或是已經實際發生，爲了這些臆想中的負面事實感到焦慮與懊悔。

比如，有些社交焦慮者在和他人溝通中，會將對別人的猜測當作事實。像是當社交焦慮者發現別人對自己冷淡時，他們心想：對方一定不喜歡我。實際上對方只是因爲睏倦而反應較慢，並不是眞的對社交焦慮者有厭惡感。但社交焦慮者堅信自己的想法是事實，於是中斷了社交，避開了不喜歡自己的人。

又比如，有些人會爲自己心中的惡意擔驚受怕。有人一旦想到一些不那麼道德的渴望，就擔心自己眞的會在現實中付諸行動，並開始自責，認爲自己是個邪惡的人。但實際上，有想法不代表眞的會付諸實踐。

3僵化的自我，會加深煎熬

有些人習慣給自己貼標籤，一般以我是——開頭：比如低自尊者會告訴自己「我是個失敗者」。

心理學家稱這些標籤爲「概念化的自我」（conceptived self）。他們沒有意識到人是複雜的、可變的，可能在不同的情境下，做出不同於「概念化的自我」的表現；他們不相信自己能夠改變，用「概念化的自我」局限自己，於是只能依照這些僵化的範本行動和思考。

一旦他們發現自己的情緒、思維或行動與概念化的自我出現不一致，他們會因爲這種認知上的衝突感到不安。

比如，有些憂鬱症患者會爲自己的好心情感到擔憂：「我是個憂鬱症患者，我怎麼能感到快樂呢？」

4 如果能從痛楚中找到意義，就不會那麼煎熬

當人們在完成一件事的過程中受到傷害時，如果能想到完成這件事的動機和意義（比如完成後可以得到錢，或是他人的肯定），煎熬感會降低。

人們懼怕的是毫無意義地受苦。受到傷害但得不到任何回報，或者主觀感到傷害遠大於所得，人們會覺得損失過多，感到沮喪和不公。也就是說，如果我們能爲傷害的發生找到意義，就會減少煎熬。

如何減輕煎熬

1 學著注意和表達想法與情緒：為它們「貼標籤」

之前提到：試圖壓抑和否認情緒、想法，反而可能造成我們更加煎熬。有一種方法可以幫助人們在想法、感受、記憶出現時抓住它們——當你在描述自己的情感和思緒時，不要只是陳述它們的內容，還要貼上行爲過程的標籤。

比如，如果你感覺很沮喪，不要只是說「我很沮喪」，而是說「我現在正在感到沮喪」；當你覺得自己快要崩潰了，也不要說「我要崩潰了」，而是「我現在正在想自己要崩潰了」。透過反覆嘗試，你可以帶著一定距離感，更敏銳地捕捉到瞬息而過的想法、感受與情緒。

海斯和史密斯介紹了幾種標籤的形式：

- 我正在想□□（描述自己的想法）
- 我正感覺到□□（描述自己的感覺）

- 我正在回憶起□□（描述自己的回憶）
- 我正感覺身體的□□部分感受到□□（描述身體感覺的特徵與部位）
- 我注意到自己想要□□（描述自己的行爲衝動或是傾向）

2記錄「去混淆日記」，避免混淆想法與現實

如果你認爲自己負面的念頭總會導致不幸的發生，可以先將自己的想法記在紙上；隨後，寫下現實中是否發生了和這個念頭相關的事件；並且在最後寫下什麼導致了事件的發生：是自己有了這個想法嗎？還是環境因素？又或者其他人應該對這件事負責？

舉個例子，一個人在演講開始前，腦海中閃過一個念頭：「我有不好的預感，這次演講會搞砸」。演講結束，可記錄了之後發生的事和事情發生的原因：

我的想法是演講可能會出問題。

現實中發生的是演講時麥克風忽然沒有聲音，不過在現場補救後，還是完成了演講，且聽眾反應不錯。

是什麼導致了事件的發生？主辦方準備的問題。

透過反覆地比照自己的念頭和現實，人們可以逐漸意識到：自己腦海中的想法和現實是兩回事，可能並不一致；即使有時一致，也不是因爲想到了這個念頭，才導致事件發生。

3 去除自我概念化

首先，試著認識到我們爲自己貼了哪些標籤：「我是女生，所以我□□」「我是個憂鬱症患者」「我是個不被人喜歡的人」。你可以把這些標籤都寫在便利貼上，然後貼在自己身上。之後，你問自己：我在所有情形下的行爲、想法，都完全符合這個標籤嗎？有沒有過任何不符合的例子？

比如，如果一個人覺得「我是個沒有人喜歡的人」，那麼可以問問自己：「眞的嗎？眞的從小到大那麼多年，沒有任何人對我表達過善意？沒有任何人願意和我做朋友？」透過這種反覆自問，可以發現自己在生活中與標籤上不一致的地方。認識到我們能夠超越標籤的局限，擁有更複雜的想法、感情，並做出不一樣的行爲。

最後，你可以將這些便利貼扯下、撕掉，並問自己：「現在我沒了這個標籤，我又是誰？」

比如，一個人撕掉了「我是憂鬱症患者」的標籤後，問自己：除了是憂鬱症患者之外，我還是誰？他可能會得到形形色色的答案：「我是他人的朋友」「我是一個女孩的父親」「我是一個撲克愛好者」等等。將這些新的答案寫下，對著這些答案，我們會認識到自身與生活，遠比標籤更加多面、豐富。

我們往往透過和內心對話來分析事物、認識世界，因此，也常常輕信自己內心聲音訴說的結論與分析，而不去質疑。爲此，海斯和史密斯鼓勵人們體驗「觀察性的自我」（the observing self），理解眞實的自我並不僅僅是那一刻頭腦中的聲音。

你是你的整個人生，是不斷變化、流動的各種想法、感覺、角色的集合。不管你身上發生了什麼、想到了什麼，都只是某個時刻、某段時間內的狀態，只是眞實的自我中的一小部分。慢慢你會發現，每個人的身上都有著很多層面、不同程度，甚至相互矛盾的眞實，越接納這種複雜的事實，越少會爲自我的衝突感到煎熬。

4 為自己的受苦找到意義

如果你遭遇到負面事件，試著發掘其中的積極面。比如從中學到了什麼，體悟到了哪些過去不了解的道理。當我們用積極的視角看待自己遭受的苦難時，這不是否認苦難的消極面（確實可能會造成創傷），也不是要否認和壓抑痛楚的感受，而是努力接受負面事件已經發生的事實，不再試圖改變。並且在痛楚已經存在的基礎上，試著研究這段獨特的經驗，挖掘它的價值，讓我們在現在和將來過得好一些。

你可能會認爲這只是自我安慰，但是相信我，人生需要一些自我安慰。而即便你知道有些自我安慰的部分，也不會妨礙它減輕你的煎熬感。

願你能接納你的苦。

「我要快樂」不應該是你唯一的目標

如何處理生活中的負面情緒

「我覺得自己最近很沮喪，很焦慮，很討厭這樣的自己，有沒有辦法可以快速清除負面感受？連自己的情緒都管不好，真的很討厭。」

很多人會有這樣的想法，強烈對抗令人不愉悅的負面的情緒。但負面情緒真的毫無價值嗎？我們又該如何處理自己的情緒？

你了解你的負面情緒嗎

說到負面情緒，腦海中可能會立刻蹦出一些常見的：悲傷、憤怒、厭惡、尷尬……之所以定義為負面，是因為這類情緒體驗是不積極的，讓人不適，嚴重時還會干擾日常生活和工作。不過，雖然對負面情緒並不陌生，我們對它們了解卻不多。

1比起正面情緒，我們擁有的負面情緒種類更多

心理學家菲利普．沙弗（Phillip Shaver）和他的同伴參考了早前的情緒理論和自己的研究結果，將人的六種原始情緒，及衍生出的多種次級情緒，繪製成了樹狀圖表，從中可以發現，我們負面情緒的種類遠超過正面情緒。

這其實是由進化決定的。因爲，無法對有利事件產生積極情緒，遠不如無法對負面事件做出得當反應來得嚴重，前者可能妨礙我們變得更幸福，後者卻會危及生命。

2感受到多種情緒的人，比只有正面情緒的人健康

生活的本質是複雜的，有積極的事情，也有消極的時刻。因此，完全沒有負面情緒是不可能的，而如果有人說自己只會開心，從不傷心、沮喪，那麼他們其實是無意識地壓抑了自己的負面情緒。情緒不會眞的消失，影響也不會消失。回避這些情緒，反而對身體和心理健康造成更大傷害[7]。

研究指出，從健康角度來看，情緒的多樣性比起一味地開心更重要。心理學家喬

[7]：Lefkoe, M. (2014). Suppressing negative emotions is unhealthy. Lefkoe Institute..

迪・奎德巴赫（Jordi Quoidbach）等人，在一項樣本數量龐大的研究調查得知，能感受到更多種類情緒的人，比只感受到很多正面情緒的人更健康，更少被診斷出憂鬱。

3 負面情緒觸發行為改變

負面情緒在進化層面上有重要意義，既有快速預警的作用，又是一種保護機制。時至今日，負面情緒依然被定義爲「行動訊號」。

而相對地，正面情緒就不具有同樣強烈的行爲導向性。因爲，比起追逐更多快樂，擺脫眼下難耐痛苦的動機往往更加強烈。

為什麼我們如此排斥負面情緒

1 負面情緒帶來生理上的不適感

不論是何種負面情緒，都或多或少會帶來不適。當我們壓力太大、情緒低落或負面思考時，人體內的皮質醇會大量分泌，讓身體進入警備狀態。於是，會產生不良反應：胸悶，呼吸不暢，心跳加速，血壓上升，手心冒汗……

2自我形象管理

我們不想在他人面前流露情緒，因爲會破壞自己在他人眼中的形象。比如，不輕易表現出對某人的嫉妒，因爲不想被當作善妒的人；壓抑憤怒，因爲怕別人覺得自己脾氣壞；不想在對手面前暴露焦慮，讓自己輸了氣勢。

我們也會在心裡對自己的形象有一些特定的期待：我們可能希望自己是溫柔的、自信的、心胸寬廣的。因此，當我們認爲與自己人設不符的情緒出現時，我們會質疑，甚至責怪自己爲什麼不能控制、消除這些情緒。

3被強調樂觀和正能量的價値觀綁架

生活中，我們總被教導要多些正能量，少些消極負面的情緒，稱讚臉上掛著笑容，無論何時都充滿希望的人。當一個人遇到挫折的時候，他會被勸說要樂觀點。

因此，很多人抱持著樂觀積極才値得被鼓勵、接納，太頹喪則招人厭棄的誤解。

事實上，悲觀和樂觀只是人們面對人生的不可預測性時，採取的不同動機取向，各有優勢，沒有好壞之分。

什麼樣的負面情緒是沒有意義，應當警覺的

社會學家伊莉莎白·伯恩斯坦（Elizabeth Bernstein）將不存在積極面的「負面情緒」稱為「空洞情緒」（empty emotions）。其中，最典型的兩種是「無望感」和「無價值感」。

1 無望感（hopelessness）

無望感，顧名思義，是染上濃郁絕望的情緒，不是基於某個具體的情境，或某段特定的時期，而涉及對整個未來的消極預期。

人之所以能夠且願意付出努力改變生活，是因行為會產生特定結果的信念，掌握其中的連結，可以讓我們在未來透過行為達成目標。因此，希望感是一種生活的必需品。

可如果這個信念遭到破壞，我們就會失去控制感，產生怎麼努力也沒用，希望不會實現的預期。如此一來，我們可能會放棄採取行動。更糟糕的是，放棄嘗試和努力，可能導致我們的預期成眞，形成惡性循環。

因此，有種與無望感密切相關的行爲叫「習得性無助」——本來可以採取行動，避免惡果，卻選擇相信痛苦一定會到來，放棄任何反抗。習得性無助就是在無望感的籠罩下，讓人一事無成的魔鬼。

2 無價值感（worthlessness）

無價值感是一種自挫性的情緒，源於沒完沒了的自我批評，認爲自我的存在沒有任何意義和價值。被這種情緒困擾的人可能因爲無法看到、認可自身價值，而不由自主地追逐財富、權力、名望這些普遍被認可的外在事物。

然而，即使他們擁有了這些，內心依然是空虛的，僅憑這些世俗定義的「價值」，無法塡補自我的「無價值感」。

同時，陷於無價值感中的人可能透過取悅他人、獲得他人認可，找到存在的意義。但這種脆弱的價值感，完全建立於他人的評價和回饋，著實不堪一擊。廣受討論的「討好型人格」就與無價值感息息相關。

這無疑是令人痛苦的情緒，使一切努力認可自己的行爲都顯得徒勞，讓人迷茫且空虛，似乎找不到自己的立足之地。

空洞情緒最大的共同點，也是缺乏積極意義的原因在於脫離現實。不是眞實發生的事件或客觀事實，往往是長期的、難以調節的。因此，空洞情緒很難引起良性的行爲改變，畢竟它們來由不明，不論做什麼，都緩和不了這些難耐的情緒。

此外，「我感覺毫無希望」及「我覺得自己一無是處」也是許多憂鬱症患者日常的感受。因此，如果你覺得自己符合以上的描述，並且長期受到無望感和無價值感的折磨，那麼你需要提高警惕，尋求專業的幫助。

有意義的負面情緒能為我們帶來什麼

除了應該警覺的空洞情緒以外，大多數負面情緒都有它們存在的價值。我們以四種常見情緒爲例，來跟大家分享一些負面情緒的功能。

1憤怒（anger）：保護者，幫助我們明確自己的界限

憤怒是一種能量很強的、用於保護自己的情緒。在利益或安全受到威脅時，我們就會憤怒，這是受到侵害時最直接和眞實的反應。這種侵害可能包括對我們的自尊、個人邊界、人格、權利和利益。

憤怒使我們的關係不建立在權力鬥爭、投射和過度糾纏之上，如果沒有憤怒，我們便無法在關係中建立健康邊界。當憤怒提醒受到侵犯，需要抵抗時，如果我們成功保護了自己，這種情緒就會消散。只有壓抑了憤怒或是未能捍衛自己，憤怒才會造成不好的後果。

比如，伴侶過度干涉你交友，還強行查看你手機時，你可能會憤怒，因爲你的邊界遭到了侵犯。此時，他或許會用「我們彼此相愛，不該有祕密」這樣的話來操控你，讓你內疚，好像你爲此不悅才是不對的。但憤怒是最眞實的聲音，提醒你正視你的情緒，保護自己，認眞對待這件讓你憤怒的事。

2悲傷（sadness）：求救訊號，讓我們與他人建立深層的連結

悲傷是最具有感染力的情緒之一，也是極易引發他人同理心的情緒。人在遭受痛

苦時流露悲傷，實質上也是在發出求援訊號——我現在很難過，希望能夠得到你的陪伴、理解和支持。研究發現[8]，同理心、同情都和悲傷情緒有強烈關聯。

因此，富有感染力的悲傷讓人們凝聚在一起，加深彼此的理解和羈絆。俗話說患難見眞情，分擔悲傷比共用快樂更能加深我們與他人之間的連結。

除此之外，逆境中的悲傷其實對我們有利。加州大學柏克萊分校的研究顯示，悲傷狀態造成的大腦變化，使得人的記憶更加深刻，收集資訊、細節的能力會變強。因爲，快樂是熟悉和安全的訊號，我們會不自覺地放下心來，不關注細節，而悲傷則恰恰相反。

另一項研究中，沉浸在悲傷中的志願者，做判斷時更能識破欺騙性的資訊，且不受到刻板成見的影響。出人意料的是，人們在悲傷時，反而更有動力完成複雜的任務，並願意付出更多努力。

因此，悲傷讓我們在困境中有所收穫，也讓我們能處理問題，走出悲傷。事實上，壓抑悲傷才讓人更走不出來。當人生遭遇低潮時，悲傷是爲了回到快樂基準線所必經的橋梁。

3嫉妒（envy）：一把尺，幫我們認清自己的位置

嫉妒起源於社會性的比較。研究表明，人們光只是處在同一間屋子裡，就已經開始互相打量了——誰更聰明，誰更好看，誰更強壯……在這種源源不斷的比較中，嫉妒的產生是難以避免的，讓我們認識在殘酷的社會資源競爭中所處的位置。

心理學家認爲，嫉妒分爲良性（benign）的和惡意（malicious）兩種。後者包含一種破壞性的意圖，希望減少被嫉妒的人在比較中的優勢[9]。在嫉妒的推波助瀾下，人們會透過謠言、詆毀、誹謗，或其他間接的破壞行動，以貶損被嫉妒者。

前者具有崇敬和啓發性的部分，更像是一種「他能做到，那我也能」的心理。因此，善意的嫉妒能化爲動機，人們會透過模仿、觀察學習、自我提升等方式嘗試接近或達到被嫉妒者的成就。

嫉妒產生通常基於對熟悉個體的基本評估，所以我們很難對離自己太遙遠的人產生這種情緒。也就是說，我們嫉妒的對象通常是與自己有關、相似並且可及的，或者

---

❽：Bandstra, N. F., Chambers, C. T., McGrath, P. J., & Moore, C.(2011). The behavioural expression of empathy to others' pain versus others' sadness in young children. Pain, 152(5), 1074-1082.

❾：Wallace, J.B. (2014). Put your envy to good use. The Wall Street Journal.

至少是自認爲可及的。因此，嫉妒也讓我們能設立更加具象的目標。

4 焦慮（anxiety）：情緒的通用貨幣，提示我們關注背後的問題

佛洛伊德在《抑制、症狀與焦慮》（*Inhibitions, Symptoms and Anxiety*）中探討了三種類型的焦慮，他認爲，所有的焦慮感都來源於衝突——我們和外部世界的衝突及我們自身內部，也就是「本我（id）」「自我（ego）」和「超我（superego）」之間的衝突。

第一種是現實焦慮，來自「自我」與「現實」間的衝突。當我們感覺外部世界有危險時，自我會對頭腦發出警戒訊號，這就是焦慮，比如害怕電梯失控，或無法按時完成工作。單純的現實焦慮是相對健康的，控制在一定範圍內，還能刺激我們的行動力。

第二種是道德焦慮，來源於「自我」和代表道德感、良心的「超我」間的衝突。超我負責製造內疚和羞恥，當「自我」的想法觸犯了自己的道德良心，「超我」就會以內疚和羞愧來懲罰我們。因爲害怕這種懲罰，每當我們剛產生可能觸犯道德的想法，「自我」就立刻給出訊號警醒我們，避免懲罰的到來。這個訊號也是焦慮。

第三種是神經性焦慮，來自「自我」，和代表潛意識的欲望與恐懼的「本我」間的衝突。這種焦慮的產生是由於被壓抑的欲望或恐懼太過強烈，以致一旦釋放，「自我」就會無法承受，甚至因此崩潰。這種焦慮可能讓你完全不知道自己在焦慮什麼，也可能誤以爲自己焦慮的是一些表像的東西。

焦慮常常是化妝後的某種別的情緒，有人將焦慮形容爲一種通用的錢幣，是一切情感的兌換品。我們之所以難以弄清焦慮背後究竟爲何，是因爲比起其他負面情緒，焦慮是最難耐的一種，也是最具任務導向性的一種，我們會想立刻緩解這種焦慮。

採取立刻卻只是暫時緩解焦慮的行動，只會阻擋我們面對自己眞實的情緒。如果無法意識到焦慮背後到底是什麼，這種焦慮就永遠得不到解決。也就是說，一旦觸發了情景，就會感到焦慮。

因此，焦慮是富有深意的。如果反覆爲同件事物焦慮，或是經常產生不明不白的焦慮，這是在提示你還有未完成的願望，或是沒解決的問題。而眞正克服焦慮的第一步，就是搞清楚焦慮背後的原因。

如何利用負面情緒做出正面的改變

研究顯示，想擺脫自己的負面情緒，會越陷越深；而坦然接納負面情緒的人，則更能面對它指向的問題，更快走出這種情緒，不讓情緒爲自己造成更多傷害[10]。有價值的負面情緒能引導積極改變，它們的出現是訊號，我們付諸行動的動機，就是想減輕負面情緒的煎熬。

因此，想要好好利用負面情緒，最重要的是要先辨識，然後明白什麼樣的行爲能夠緩和它對你造成的影響：

1 學會標記情緒

當情緒出現時，不要只是說「我心情好」或「我心情不好」，試著準確描述你感受到的情緒，越具體越好，並爲它們命名。

如果你覺得識別情緒有困難，那麼可以試著靜下心來，深呼吸，覺察你的生理反應。比如，心跳很快可能是焦慮，心胸格外沉重可能是悲傷，下巴不由自主繃緊可能是憤怒……

2列出利弊清單

雖然負面情緒是在提醒我們，有些事需要做出改變或是需要回避，但在執行之前還需要問自己：是不是改變了這件事就能感覺好起來？長遠來看利大於弊嗎？

此時，你需要思考是哪個，或者哪些行爲使你產生這種情緒，然後寫下這個行爲讓你感覺良好，或是爲你帶來好處的方面，再寫下該行爲讓你覺得不舒服的地方。

有時，我們會因爲急於緩解某種負面情緒，而匆忙做出一些對自己不利的改變，因爲在做很多必須要完成的事時，一定程度的負面情緒是不可避免的。

3傾聽內心的「應該」

我們內心常會有一些「應該做什麼」的聲音，在恰當的時候聆聽很重要。比如，在同學會上，許久不見的老同學興奮地和你分享她的喜事——最近工作升職了，戀愛了，過幾天要和男友一起去度假。

你越聽越不爽，甚至突然看她不順眼。那麼，你可能是在嫉妒，而你內心的聲音

⑩：Delistraty C. (2017) You'll be happyier if you let yourself feel bad.Science of Us.

在說：「我應該更加努力工作，應該多社交才有機會脫單，應該對自己好點……」此時，這個內心的聲音可能是在指導你下一步應該怎樣做，而這個指示經常頗具價值。

4 想像「與孩子對話」

想像如果一個孩子和你身陷同樣的情緒中，而你需要幫助他，那麼你會怎樣安慰他，給他什麼樣的建議呢？你不會鄙視、無視或責怪那個孩子，你會認真傾聽，耐心開導。

比如，當孩子因爲最好的朋友懷疑自己而憤怒，你可能會先表示理解，建議他不要在憤怒的當下做衝動的決定，會陪他一起梳理事情的起因經過，看事件可以如何解決，憤怒如何消散，而你需要以同樣的方式，對待承受負面情緒的自己。

壓力過大的十種表現，是不是也說中了你

如何科學地應對壓力

來看看你是否遭遇了以下這些狀況：

在工作日彷彿是被上緊了發條的鐘錶般馬不停蹄，但一到周末就渾身乏力，懶得動彈。

常常感覺全身痠痛，尤其是肩頸、腰、臀、背等部位；很容易就出現腹瀉等腸胃不適的狀況，或者頻繁感冒。

性欲明顯下降，無論是面對伴侶還是其他可能引起快感的刺激，內心（身體）都「毫無波瀾」。

莫名變得特別喜歡吃甜食及各種高熱量的食物。

習慣性拖延，不論是工作還是生活上的事務，都總要是拖到死線（deadline）

來臨前才著手處理。

與他人相處時總是帶有攻擊性，敏感，很容易把他人一句再平常不過的言辭，當作是對自己的責難。

心裡感到很矛盾，一方面渴望獨處，對周圍人感到不耐煩；另一方面渴望陪伴與傾聽，希望得到他人的理解與支持。

情緒波動很大，時常會莫名地大發雷霆。

負能量爆棚，處事消極，總忍不住以負面的態度思考一切。

如果你覺得自己最近，或者很長一段時間內出現了上述多種狀況，說明你的壓力狀況已經值得擔憂了[11]。

並不是所有的壓力都會爲人帶來嚴重的負面影響，也並不是所有人在遇到類似的壓力情境時，都會受到同樣程度的打擊。爲什麼有些人更容易受到壓力的負面影響呢？

這其實與每個人應對壓力的方式有關。換言之，在壓力及對一個人所造成的影響之間，有一個十分重要的中間變數——這個人應對壓力的模式。

四種應對壓力的模式

壓力的存在，從來都不是單純負面的。事實上，它是每個人都必須要有的，對人類存活有著重要的意義。人在受到威脅或刺激時，身體的交感神經系統會被啟動，並開始釋放大量的壓力荷爾蒙。使得身體處於緊張的狀態之下，此時，人的心跳會加速，肌肉會變得緊繃，血壓上升，呼吸變得急促，感官變得敏銳[12]。

對壓力的反應，使得人的注意力與精力得以集中，加快了回應的速度，在弱肉強食的時代，爲自己尋得「一線生機」。這是人類能夠在大自然的叢林法則下存活、繁衍的重要原因。

一直以來，社會大眾與研究者們都認爲，人們在壓力狀態下會做出「戰」或「逃」的選擇，或者投入戰鬥，或者轉身逃跑。近年來逐漸有研究者指出，除了「戰」或「逃」，人們還會出現兩種反應——「僵住不動」或「服從」（freeze or fawn）[13]。

在僵住不動或服從的狀態下，與戰或逃時的反應不同。此時，血壓下降，行動與

⑪：Prevention(2015). 10 silent signals you're too stressed out.
⑫：Segal, J.,Smith, M., Segal, R., & Robinson, L. (2017). Stress symptoms, signs, andcauses. Help Guide.
⑬：Heaney, K. (2017). When stress makes you fall asleep. Science of Us.

聲音都被抑制，看上去可能如同昏死一般[14]，像在表示投降和服從。一方面人們可能因此逃過一些只對活物感興趣的獵食者的捕殺；另一方面，處於這種僵死的狀態時，也有助於減少可能的失血量和痛苦感[15]。

在現代社會，這四種人體的神經壓力反應被沿襲下來，成爲人們應對壓力的主要模式[16]。

1 戰鬥

在面對壓力時，一些人會進入戰鬥模式。比如，遇到棘手的新計畫時，他會不分晝夜地加班，一絲不苟地完成任務，拚盡全力地達成目標。戰鬥的應對模式，即爲人們化壓力爲動力，最終戰勝困難，獲得自己想要的結果。

2 逃跑

人們也可能在面對壓力時選擇放棄或逃離。比如，當新的職位充滿了挑戰和困難時，有些人就可能會主動選擇放棄升職的機會。儘管很多人把放棄或逃離看得很負面，認爲這是意志力不足、不求上進，或懶惰的象徵，但其實有時候，逃跑能讓人避免在壓力面前過度堅持而屢屢受挫。

3 僵住不動

當發現眼前的困難過於強大時，兒時的我們可能會哭到昏睡，出現所謂的「斷片」，這就是我們在以僵住不動的模式應對壓力⑰。成年後，這種模式則表現為疲乏感或者嗜睡。比如，有些人會在壓力來臨且尚未做出行動前，就感到疲憊。

不過，這種疲乏感並不是逃避——不是主動做出，而是被動感受到的。這種應對機制，能讓人們感覺自己在壓力的情境中「消失」了，彷彿痛苦也隨之消失⑱。

4 服從

人們在應對日常壓力時，還會表現出對壓力源的服從，即為給自己帶來壓力的事

⑭：Schmidt, N.B.,Richey, A., Zvolensky, M.J., & Maner, J.K. (2008). Exploring human freeze responses to a threat stressor. Journal of Behavior Therapy and Experimental Psychiatry, 39(3), 292-304.

⑮：Stress Stop(n.d.). Fight, flight or freeze response to stress.

⑯：Spiritual Self-Help (2017). The four ‘stress responses’, and how they shape your emotional reactions to life.

⑰：Heaney, K. (2017). When stress makes you fall asleep. Science of Us.

⑱：Seltzer, L.F.(2015). Trauma and the freeze response: Good, bad, or both? Psychology Today.

或人妥協、尊崇或討好。在一些情況中，能夠趨利避害，達成目標。

現實生活中，壓力的來源可能是複雜多樣的，每個人需要根據情境，靈活運用不同模式來應對壓力，才能最大程度減低壓力帶來的負面影響。

也就是說，當有希望戰勝壓力時，他需要全力以赴，爲實現目標而爭取（戰）；當努力可能帶來更大的傷害時，他要能果斷選擇放棄（逃）；當壓力過大時，可以多給自己一些時間休息（僵住不動）；當自己感到不知所措時，他也需要和壓力源交流溝通，了解壓力源（服從）。

但如果總是單一使用某一種模式，應對生活中所有壓力，就很可能會爲壓力所困。下面我們會結合家庭教養方式，具體介紹單一應對模式帶來的問題。

家庭教養方式影響我們應對壓力的模式

心理學家們認爲，有些人在成年之後，總是以某種固定的模式應對壓力，與他們所受到的家庭教養方式有關。

一九六五年，美國臨床心理學家戴安娜·鮑姆林德（Diana Baumrind）提出了衡量家庭教養方式的兩個象限[19]：

- 回應（parental responsiveness），即父母對孩子需求（生理、情感等）的回應程度。
- 要求（parental demandingness），即父母對孩子自身成長、獨立、責任承擔等的要求。

根據這兩個象限，家庭教養的方式可以被分爲：低回應高要求、高回應低要求、低回應低要求和高回應高要求。

低回應高要求：虎媽狼爸與不停戰鬥的孩子

在這種家庭教育中，父母對孩子的要求很高，他們希望孩子是完美的、優秀的。同時他們對孩子的回應又是有限的、有條件的，孩子需要透過不斷努力達到完美，才

---

[19]：Lock, J.Y.,Campbell, M.A., & Kavanagh, D. (2012). Can a parent do too much for their child? An examination by parenting professionals of the concept of overparenting. Australian Journal of Guidance and Counseling, 22(02), 249-265.

能獲得家長的關心和愛。這讓孩子習慣用戰鬥的方式獲得自己想要的結果，包括試圖戰勝一切壓力。

然而，這容易讓他們凡事都過度堅持，甚至有些完美主義（不僅追求完美，同時無法容忍缺憾）。可能會使他們無時無刻都處於戰備狀態，無法放鬆地投入生活，不僅可能引發焦慮、免疫、消化、心血管等疾病，甚至可能改變大腦的功能結構，進而影響個體的記憶、邏輯、決策的能力（均與過高的皮質醇水準有關）[20]。

高回應低要求：割草機父母與總是逃避的孩子

割草機父母指的是爲了孩子的成功，隨時趕在孩子前面將雜草清除，爲孩子擺平成長道路上一切困難的家長。這些父母對孩子的要求百依百順，卻缺乏對他們的基本約束（discipline），以至於孩子一遇到困難就想逃避，希望得到父母保護，無法獨立承擔責任。

事實上，不斷逃避並不會讓他們免受壓力的傷害。當他們習慣於逃避的時候，一點點困難都有可能引發壓力反應（交感神經系統的啓動）。與不停戰鬥的孩子相似，他們也會因此受到過高的皮質醇水準所帶來的負面影響。不僅如此，習慣性逃避，還可能讓他們更容易感覺到自己一事無成，進而產生消極的挫敗感和無望感。

低回應低要求：缺席的父母與消失的孩子

這些父母既不關心孩子的需求，也對孩子沒有期望。長久以來，關愛的缺失讓這些孩子覺得自己唯有消失，才能感受不到被忽視的痛苦。因此，他們習慣於隱匿於人群之中，既不敢表現自己、爲自己爭取，也不懂得逃離、避免傷害，他們彷彿被卡在壓力或痛苦的情境之中，直到精疲力竭。

而一味地以消失回避壓力帶給自己的痛苦，很有可能會讓人長期缺乏對自身感受的覺察，使人陷入長久的空虛，甚至連自己內在的需求與願望都有可能逐漸喪失。

他們總覺得自己疲憊不堪、緊張憂慮，卻不知道這種感受緣何而來，可能會引發驚恐發作、強迫行爲。

⑳：Bergland, C. (2014). Chronic stress can damage brain structure and connectivity. Psychology Today.

高回應高要求：直升機父母與服從的孩子

直升機父母通常會把孩子當作一切生活的重心，在將孩子的需求擺在至高無上的地位的同時，也對孩子有著不切實際的高要求。這些父母尤其在意孩子的成就和公開場合的表現，因而過度涉入孩子的生活，試圖在各個方面施以控制、監視，讓孩子對父母唯命是從。

這些孩子習慣於服從，不惜犧牲自己的利益與邊界迎合他人。因而無法發展出健康穩定的自我感，他們的行爲往往並非從自身需求出發，而是基於對他人感受的揣測，這可能讓他們在關係中無法拒絕別人，過度付出，最終不堪重負。

那麼，如果你發現自己正受困於某種模式之中，又想要盡可能擺脫壓力帶來的負面影響，應該怎麼辦呢？

如何應對壓力

首先，你需要意識到，人們可以選擇在不同的壓力情境中，以不同的模式應對壓力。尤其很多成年人都遺忘了自己在面對壓力時，還有一種選擇——暫時停下腳步，休息、調整。

其次，你可以嘗試理解自己爲何會受困於某種應對模式，可能爲你帶來怎樣的影響，並且試著主動做出調整，比如，再次面對「不可企及的目標」時，不妨知難而退，或者再次遇到充滿挑戰的機會時，不妨迎難而上。

最後，一個人承受壓力的負面影響程度，不僅與他應對壓力的模式有關，還與生活方式和習慣有關。

日常生活中的一些小方法也能幫助人們應對壓力：

1 保持每天三十分鐘的運動

研究發現，定量的運動不僅能夠刺激腦內啡的釋放，還能對交感神經系統（壓力荷爾蒙的釋放）有一定的抑制作用[21]。

㉑：Parker-Pope,T. (n.d.). How to be better at stress. New York Times.

2 保持一定頻率的性生活

平佐恩醫生發現，一定頻率的性行爲（他特別強調了是性交而不是DIY）與維持健康的血壓水準有關。另外，研究者還發現性生活，包括撫摸、親吻、擁抱等都能促進人體內多巴胺、腦內啡等的釋放，讓人感到愉悅，緩解壓力帶來的緊張、不適感[22]。

3 嘗試正念飲食（Mindfulness Eating）

壓力會讓人們對甜食或垃圾食品變得更有渴望（研究者認爲，這可能與壓力會大量消耗腦內葡萄糖有關）[23]。臨床醫師麥克·芬克爾斯坦（Michael Finkelstein）建議，爲了避免在渴望驅動下暴飲暴食，你可以嘗試正念飲食，品嘗食物也不至於傷身。

當你下次用美食爲自己減壓的時候，不妨嘗試：

❶將一勺食物（比如抹茶蛋糕）放進嘴裡。它是你最喜歡的食物之一。

❷放下勺子，先別急著吃第二口。慢慢咀嚼。

❸感受食物的香氣、味道、口感，以及它們的層次。感受當下，專注地，只想著你嘴裡的那口食物。想像它是如何一步步被製作完成的，甚至從原材料的生長

開始，盡情享受當下這個時刻。

研究證明，正念飲食方法可以有效抑制壓力帶來的暴飲暴食。

4 練習想像（Visualization）

在日常生活中，練習想像更大的願景。你可以嘗試[24]：

問自己「什麼是我想要的生活」，想像與你的價值觀、你所關心的這個社會，及你最感興趣的事情相關的東西。

閉上眼睛，想像自己身處這樣的生活中，這是怎樣一幅圖像？想得再具體一些，在這個場景中，周圍環境的光線是什麼樣的？你聽到了什麼聲音？你聞到了什麼氣息？你正在做什麼？周圍還有什麼人？你感覺如何？

記住這種感受和圖像。然後慢慢睜開眼睛，問自己，我可以做什麼去實現它？

---

[22]：Robinson, K.M.(2013).10 Surprising health benefits of sex. Webmed.

[23]：Heaney, K. (2017). When stress makes you fall asleep. Science of Us.

[24]：Gill, B. (2017). New to Visualization? Here are 5 steps to get you started. Forbes.

在這個過程中，你不再僅僅關注於眼前，原本倍感壓力的事情和帶痛苦也都顯得渺小，變得可以承受，而你也會看到更多可能性——包括未來生活的更多可能性，以及實現目標的方法的更多可能性，並在過程中獲得更大的意義感。

我為我的存在感到深深的羞恥

什麼是人類最負面的情緒

在所有不同類型的情緒/情感中，最負面的是什麼呢？心理學家們認爲，人類最負面的情感既不是悲痛，也不是無法壓抑的怒火，而是羞恥感。

羅徹斯特大學臨床心理學家格爾森·考夫曼（Gershen Kaufman）在他的著作《羞恥心理學》（*The Psychology of Shame*）[25]中寫道：「羞恥是靈魂的疾病，是自我體會到的、關於自我，一種最令人心碎的體驗。羞恥是體內感受到的傷口，把我們和自己分開，同時也把我們與他人分開。」

絕大部分人在人際關係中，感受到的不適都和羞恥感有關；和憤怒、內疚有著密切的關係；破壞性的完美主義思維也與羞恥感的驅動有關。

㉕：Kaufman,G. (2004). The psychology of shame: Theory and treatment of shame-based syndromes. Springer Publishing Company.

它滲透了我們，要理解我們自身的人格表現，我們必須認識羞恥感。今天就來深入聊一聊「Shame」（羞恥）。

什麼是羞恥感

羞恥感是生動而痛楚的。有時和被羞辱、被嘲笑、怯懦、尷尬、無法成功面對挑戰的感受相關。這是直接針對自我的情感，讓我們貶低自我價值。羞恥中的人認爲自己「worthless」（一文不值）。很多時候不需要以「我做了不好的行爲」爲前提，一個人可以在什麼都沒做的時候，僅爲自身的存在感到羞恥。

在羞恥感中，人的「自我意識」是分裂的，想像自己處於另一個人的眼光下。人只要感到羞恥，自我意識就會有這樣的分裂，自己永遠處在自己的眼光下。在關於社交焦慮的文章中，我們提到過高的自我意識對社交焦慮的影響，羞恥感則會激發異常高的自我意識。

維基百科中關於「羞恥」的詞條裡寫道：

> 英文中Shame一詞的詞根，來自一個古老的、意為遮蔽（to cover）的詞語。

（實際上的或者是象徵意味的）把自己遮擋起來，是羞恥感的天然表達。

和很多種負面感受一樣，一定程度的羞恥感是常見的情緒，有獨特的功能性。羞恥感會切斷一些正面情緒，例如興奮、愉悅或者好奇。在羞恥出現的瞬間，會切斷由正面情緒帶來的探索、投入的渴望，取而代之的是警惕和抑制。

想像小時候在班上蠢蠢欲動，想要舉手回答問題的你，在那個瞬間情緒湧現，讓你按住了想要舉起來的手，讓你保持沉默，這種情緒就是羞恥感。

加州大學聖塔芭芭拉分校的社會學家托馬斯．謝夫（Thomas Scheff）[26]提出，羞恥感是「掌控情緒」。每當羞恥出現的時候，我們對其他情緒的表達就會受到抑制。

謝夫博士指出，與絕大部分的情緒不同，羞恥感不會隨著時間流逝而消失，它潛伏在我們體內，也是最不容易被承認和釋放的情感，是一種最隱祕的情感——悲傷時我們哭泣；憤怒時我們發火。感到羞恥時，我們卻會儘量減少面部神情，不希望他人察覺。

[26]：Scheff,T. J., & Retzinger, S. M. (1991). Emotions and violence: Shame and rage indestructive conflicts. Lexington, MA England: Lexington Books/D. C. Heath andCom.

心理學家丹尼爾・高曼（Daniel Goleman）曾寫道，一定程度的羞恥感是正常的，但如果羞恥已經開始影響人對關於自己是誰、自己的價值等基本想法，它就是危險的——這也就是「病理性的羞恥」（pathological shame）了。

每一次被指責或者微小的失敗發生時，都會體驗到病理性羞恥感。病理性羞恥有時也在關係中長期潛存。懷有病理性羞恥的個體認爲自己存在著一些不足，例如經常性地感到自己是依賴的。因爲認知到不足的存在，個體隱祕地、持續地感到羞恥。這種羞恥有時無法轉換爲語言表達。

謝夫和美國加州大學學者蘇珊・雷金格（Suzanne M. Retzinger）[27]在一九九一年提出，羞恥感只有在人際互動的情境中才會被體會到。臨床心理學家考夫曼提出，我們在社會互動中最首要的目標，就是受到尊重和避免尷尬。社會互動中，對他人對自己的看法會升高擔憂，更容易感受到羞恥感，尤其更容易在親密關係中體會到羞恥感。

羞恥感vs.內疚感

在這裡我們引用臨床心理學家卡爾・戈登柏格（Carl Goldberg）在《理解羞恥》

（*Understanding Shame*）[28]一書中的敘述，幫助大家理解「羞恥」和「內疚」這兩種容易被混淆，對人有著極大影響，經常被放在一起比較和討論的概念。

內疚源於背離了某種原本被期待的行爲。更簡單地說，內疚是因爲做了一些不好的行爲。處於內疚的狀態中，並不會像處在羞恥狀態中那麼糟糕，有幾個主要的區別：

1內疚關於某種行為，羞恥關於整個自我

內疚和意識到自己做了一種錯誤的行爲有關。羞恥則是介意自己在別人（或自己）眼裡是什麼樣子的。內疚者爲行爲本身內疚，羞恥者卻爲自己的存在羞恥。這兩件事對一個人的傷害程度顯然是有差距的。

2在內疚狀態中的人，會比在羞恥狀態中感受到更多的力量

心理學家海因茨．科胡特（Heinz Kohut）[29]說，內疚者是他自己命運的製造者，而

㉗：Retzinger,S. M. (1995). Identifying shame and anger in discourse. American Behavioral Scientist,38(8), 1104.
㉘：Goldberg,C. (1991). Understanding shame.Jason Aronson.
㉙：Kohut,H. (1968). The psychoanalytic treatment of narcissistic personality disorders:Outline of asystematic approach. The Psychoanalytic Study of the Child,23,86-113.

羞恥者卻是環境的受害人。內疚源於自己做出的行爲，因此雖然體會著負面的情感，內疚者還是能感受到對自身的控制感。

在造成內疚的情境中，內疚者自己是行爲越軌者，他害怕來自正義、道德的懲罰。而在造成羞恥的情境中，缺失的是對於造成羞恥的施害者的懲罰，羞恥者所害怕的懲罰是失去與那些重要的他人之間的連結（例如害怕被討厭，而歸根究柢很多羞恥者在最初都是恐懼會失去父母的愛）。我們不難看到，這兩種體驗裡，後者顯然是更無力的，加害者總是比受害者更能感受到自己有力量。

儘管在內疚中，人會感受到自己對另一個人有責任，感受到自責、道德背負以及自我批評，但他同時也會認知自己是有傷害能力的人，因爲傷害了另一個人。在這兩個人的關係中，內疚者體會到自己是有力量的傷害者，對方才是虛弱、脆弱、受苦、受傷者。

在羞恥中，自我既是主體也是客體，雖然有時也是那些負面批判的發起人，但同時也是被批判的對象。羞恥者體會到「我不行」「我沒有能力/價値」。羞恥感讓人虛弱。

3 內疚指向表達，羞恥指向隱藏

內疚是指向他人的。內疚中的人，渴望得到他人的寬恕和原諒，有時還會做一些補償性的舉動（即便是對其他人），爲了降低自己的內疚感。內疚更能激發行動，也更容易表達以及被他人識別。羞恥是指向自身的。羞恥會抑制人的行爲（更少做出行動），帶來自卑感，剝奪一個人的力量感和自信心。人們會想要隱藏羞恥感——不要讓任何人看見眞實的我，那太羞恥了。

和羞恥有關的行為方式

1 憤怒、攻擊、親密關係中的暴力

一九六八年，世界聞名的心理學家科胡特最先提出名爲「自戀憤怒」（narcissistic rage）[30]的概念。當一個人的自尊、自我價值感受到威脅的時候，稱爲「自戀受損」

[30]：Kohut,H. (1972). Thoughts on narcissism and narcissistic rage. The Psychoanalytic Study of the Child, 27, 360-400.

（narcissistic injury），此時，就會產生「自戀憤怒」——人們使用憤怒緩和痛苦的情緒，而羞恥感和自戀受損直接關聯。

隨後的幾十年裡，不斷有學者提出自尊受損和攻擊性之間的關係。當一個人的自尊受損時，他更容易表現出強烈攻擊性。如果你身邊有一個總是莫名其妙攻擊別人的人，很有可能羞恥感是他隱藏的主要情感。

此外，心理學家梅爾文．蘭斯基（Melvin Lansky）[31]提出，羞恥感是會大量消耗情緒的情感，因此，它的存在會降低我們控制衝動的能力（情緒管理能力有限）。當羞恥中的人，感受到他人發出的語言或身體上的攻擊訊號時，他們更有可能做出衝動反應。

蘇珊．雷金格提出，憤怒是最常用來應對羞恥感的方法。一九九五年的一項研究調查了從小學到大學畢業後的成年人，在感受到羞恥之後，所有年齡層的人，控制憤怒的能力都顯著下降；而在感受到羞恥之前，所有年齡層的人，控制憤怒的能力都沒有下降。

精神病學家詹姆斯．吉力根（James Gilligan）說[32]，羞恥感是一切暴力（無論是針對個人的暴力，還是針對特定人群的暴力）最初也最本質的起因。憤怒、攻擊、暴力，都是對羞恥這種過於痛苦的感覺的應對策略。用憤怒這種看似強大有力的情緒，遮蔽令人無力的羞恥感。

爲了應對羞恥，把內部對於自我的苛責，外化到了外界和他人身上，然後對外界和他人感到憤怒，加以攻擊，比純粹的羞恥感好忍受。不過，在羞恥和憤怒／攻擊的關係中，自戀程度是有著很大影響力的變數。自戀的個體在羞恥感面前會格外脆弱，也更容易被激發出憤怒的表現。近二十年來，數項研究發現，憤怒過後，人會爲這種憤怒的反應感到更加羞恥。謝夫和雷金格把這個現象叫做「羞恥—憤怒」的循環。

値得一提的是，羞恥感強烈的個體，更容易在親密關係中表現出暴力，他們更有可能在親密關係裡羞辱對方，或者使用身體上的暴力。這種暴力對他們來說，是透過損害另外一個人的自尊感，獲得自尊感的提升。越不懂得如何處理負面情緒的人，越容易出現這種模式。

由於羞恥感如此隱蔽，很難轉化爲語言加以溝通，他們的伴侶以爲自己面對的是

31：Lansky,M. R. (1987). Shame and domestic violence. In D. L. Nathanson (Ed.), The manyfaces of shame (pp. 335-362). New York, NY US: Guilford Press.

32：Gilligan, J. (2003). Shame, Guilt, and Violence. Social Research, 70(4), 1149-1180.

憤怒的問題，而難以眞正處理羞恥的問題。

2全能幻想、虐待性的超我、受虐傾向

有病理性羞恥問題的人，更容易陷入這種想法：「只要我變得夠好、夠強大，一切不好的事情都會消失」。要注意販賣這類雞湯的人，因爲「只要你變強大，一切不幸都會消失」這句話，不過是「你所經歷的不幸，都是你自己的錯」的反面表述，核心邏輯沒有什麼不同。

他們用這樣的想法對抗無能爲力感。如前文所說，羞恥感會讓人虛弱，讓人感到自己沒有價值，如果相信發生在自己身上的不幸都是自己的錯，那麼至少自己有可能改變不幸。

他們存有對全能完美和絕對的幻想，而這是永遠無法被滿足的。一位患者曾說，「除非我持續地、一刻不停地受到讚揚和喜愛，否則我就覺得自己是徹頭徹尾的失敗者」。而正是因爲全能和完美的幻想無法實現，他們反覆感受到羞恥以及內疚的情緒。透過這種幻想，他們認爲「我所遭遇的一切，是因爲不能成爲理想的自己」，此時他們感到了自己對命運的掌控感，以及這個世界的基本的公正，雖然也是負面的，卻好

過純粹的羞恥感。

這種認爲自己應該是什麼樣的部分就是「超我」，而在病理性羞恥的人身上，這個超我顯然是有虐待性的，用無法企及的標準要求著這個人。一些患者在這樣有虐待性的超我之下，形成了受虐傾向。在受虐傾向的作用下，被動忍受的痛苦變成了愉悅，焦慮變成了興奮，憎惡變成了愛，分離變成了融合，無助變成了力量和復仇，羞恥變成了勝利，一切被動性都變成了主動性。

事實上，也是因爲這種全能幻想，羞恥能夠激發出偉大的人類成就。羞恥就像一面鏡子，逼我們看見被隱藏起來的自我，讓我們意識到實現自我價值的必要條件（儘管那種條件可能是虛無的）。但羞恥一定不能讓我們感到快樂，即便在羞恥感的鞭笞下，我們獲得了別人眼中和社會標準下的成就，也無法使我們感到快樂。

羞恥是十分複雜的問題，要處理自己身上的羞恥，更是曠日持久的戰爭。當然我們的目標並不是完全摒除羞恥感（這也不可能實現），而是把羞恥感控制在一定的程度和一定的頻率之內，不至於成爲自我價值感的底色。

希望這篇文章，能夠讓一些人感受到自己行爲思維背後，隱祕存在的深層情感，並開始理解這種情感。

後來遇到許多人，我都覺得不如你

放不下過去怎麼辦

「他還太年輕，尚不知道回憶總是會抹去壞的，誇大好的，也正是因為這種玄妙，我們才得以承擔過去的重負。」——加布列·賈西亞·馬奎斯，《愛在瘟疫蔓延時》

為什麼很多人會覺得過去比現在美好

覺得過去比較快樂並不是一種小衆的體驗，很多人懷舊，都是因爲相信過去要比現在美好。英國輿觀調查網（YouGov）的一項調查結果顯示，七十%的受訪群衆都相信世界變得越來越糟糕了，只有十%的人認爲世界在變得更好。同時，有五十五%的人都覺得他們的生活不如從前，只有十一%的人表示日子越過越好。

1過去能帶來一種掌控感和安全感

丹．麥克亞當斯（Dan P. McAdams）[33]指出，通常情況下，人們在敘述自己的人生故事，理解自己的種種經歷時，會呈現出兩種不同的邏輯順序：

❶ 拯救式順序，即描述一個人是如何從坎坷挫折中，一步步獲得最終成功的故事，是一種從消極到積極的敘事方法。

❷ 毀滅式順序，即講述一個人生贏家如何跌落谷底，一蹶不振的故事，是一種從積極到消極的敘事方法。

但提姆．維爾德舒特博士（Tim Wildschutt）等人[34]的研究發現，人們懷念過去經歷的方式大多只有一種——近八十%的人，回憶往事的方式都呈拯救式的敘事順序。換言之，我們在懷舊時，即便想起一些挫折、痛苦，也會懷有一種「我克服了」的積極深邃的情感和對人生的掌控感。

---

[33]：McAdams,D. P. (2001). The psychology of lifestories. Review of General Psychology, 5,100–122.

[34]：Wildschut,T., Sedikides, C., Arndt, J. & Routledge, C. (2006). Nostalgia: Content,trigger, functions. Journal of Personality and Social Psychology, 91(5),975-993

2 你記憶中的過去，戴著玫瑰色的濾鏡

從事記憶研究多年的伊莉莎白・羅芙托斯（Elizabeth Loftus）說，人類的記憶並不僅僅是對眞實事件的總結，比例更高的是他們「曾思考過的」「被告知過的」及「他們所相信的事件」的總和。回憶比我們想像中還要主觀，人的情緒、想像能力、資訊出現的次數，以及身邊人的記憶，都會對我們的記憶產生影響。

托里・希金斯和查爾斯・史坦格（Charles Stangor）[35]在他們的研究中發現，當人們在回憶過去發生的事件時，他們只會記得自己的評價，卻不會記得自己爲什麼給出了這樣的評價。舉個例子，很多人都覺得童年有很多無法複製的美好，就連小時候最愛吃的零食，長大後味道都變了。但其實，可能是因爲年幼時零食少，所以現在看來平平無奇的東西，在當時留下了「太棒了」「好期待」「好開心」的評價和印象。

在回憶時，我們卻因爲忘記具體細節，而將評價當成事實，由此堅信過去是更美好的。

我們的記憶不僅不客觀、不準確，甚至還可能是假的，我們可能會記得從來沒有發生過的事。瑪西亞・強森（Marcia K. Johnson）等人[36]的研究發現，擅長想像的人們，即使沒有經歷過一些事，仍舊可以透過想像，虛構出生動的細節。過了一段時間後，

當人們提取虛構出的細節資訊時，他們會忘了這些細節都是自己想像出來的。

因此，在回憶過去時，人們很容易腦補一些並不存在的細節，或過度美化某些片段。初戀在很多時候就是這樣的存在，因爲象徵了美好和青春，並且往往留有遺憾。所以，我們可能會在一遍又一遍的回憶中，不知不覺地爲這段時光增添更多的情節和情感。卻不會意識到，在一遍遍的記憶重建中，早已不再是當初眞實發生過的那個故事了。假如你很幸運，你們仍是朋友，且雙方都一樣美化了過去的記憶，你們當下的相處可能會因此更加愉快。

3過去本身就是一種喪失，而失去的總是好的

從某種意義上來說，過去的本質是一種喪失。作爲人，我們本能地排斥和抗拒失去。在經典的「損失厭惡」（loss aversion）理論的基礎之上，有大量的研究結果都指向同個結果：對於人類而言，「獲得」帶來的快樂遠遠抵不過「失去」帶來的痛苦。

35：Higgins,E. T., & Stangor, C. (1988). A" change-of-standard" perspective on the relations among context, judgment, and memory. Journal of Personalityand Social Psychology, 54(2), 181.

36：Johnson,M.K., Hashtroudi, S., & Lindsay, D. S. (1993). Source monitoring.PsycholBull,114(1),3-28.

因此我們永遠都會覺得，已經失去的比現在獲得的更好。

4有不少快樂，的確是「第一次」帶來的

不論是經濟學中的「邊際遞減效應」，還是社會心理學中的「貝勃定律」，都在強調一件事情：只有在初次體驗一件事時，給予我們的刺激才是最強烈的。然而，這種積極體驗會隨著接觸的次數的增加逐漸消退。也就是說，接觸該事物的次數越多，情感也越爲淡漠，最後則會漸漸趨向乏味。

可惜的是，隨著年紀的增長和閱歷的增加，能將快樂最大化的、新鮮的第一次體驗註定會越來越少，於是快樂似乎也隨之變少了。

什麼樣的人會對過去念念不忘

1悲觀主義者

維基百科對悲觀的定義，是一種總是期待不良後果的精神狀態，或者一種相信「在

生命中，惡總是勝過善，困苦總是多過享受」的信念。這群人最大的特點之一就是對未來抱有一種消極的預期，並且相信自己無力改變這種未來。

悲觀者更傾向於認爲，好日子都已經過去了，前方只會有更多艱難和挫折。因此，他們更願意沉溺在過去的回憶之中。

2 被空虛感折磨的人

研究發現，懷念過去能夠幫助那些感到空虛的人，爲人生經歷賦予意義[37]。不僅如此，重症病人對生活感到絕望的時候，懷舊也能夠把生命的意義感，重新帶回他們眼前，爲他們找到更多活下去的理由[38]。

因此，有一群喜愛懷舊的人，是在當下生活中找不到意義的人。這種找不到意義，不等同於世俗意義上的過得不好，他們可以看起來生活順利，甚至取得很多成就。只是，經常會感覺到空虛，不知道自己是爲了什麼而生活，陷入一種存在無意義的狀態。

[37]：Routledge,C., Juhl, J., Abeyta, A., & Roylance, C. (2014). Nostalgia proneness mitigates existential threat induced nationalistic self-sacrifice. Social Psychology,

[38]：Routledge,C., Arndt, J., Sedikides, C., & Wildschut, T. (2008). A blast from the past:The terror management function of nostalgia. Journal of Experimental Social Psychology, 44, 132-140.

對於這群人而言，與自己的過去建立深厚的連結，放任自己不時回到那個時空，是在當下重獲生命的意義感，並且願意繼續走下去的重要理由。

3 完美主義者

完美主義者念念不忘，是因爲總覺得過去有缺憾。他們心中往往存有很多的「本可以」和「早知道」，他們想念過去，但更執著於那些有遺憾的事，或是未竟的心願。

懷念過去是有用的

1 懷念過去能幫助建立及維持社會連結

提姆．維爾德舒特博士（Tim Wildschut）[39]的研究結果指出，人們可以透過懷舊提高自己在人際互動中的能力。他們發現，被喚起懷舊感的實驗者，會在之後的人際交往方面，有更好的表現，更積極主動地與人建立聯繫（包括聯繫老朋友），更勇敢地表達自己的想法和感受，且具備充分同理心和照顧到他人的感受。

2 懷念過去能幫助建立積極的自我認知

「我是誰」這個問題，很多時候，不是由我們經歷過的客觀事實來回答，而是來自對過去的主觀解讀。在記憶裡重塑自己的生命故事，能讓我們更加明白自己是誰[40]。懷念過去時，如果你能用「我克服了種種困難，變成更好的人」的邏輯，講述自己的過去，就可以形成認可自己的付出與成長的自我肯定過程。

若是過於留戀過去，甚至到了活在過去的程度，過去必然會成爲活在當下的阻礙。

活在過去是有害的

被過去束縛怎麼辦？

你可以積極地懷念過去，但不能活在過去。活在過去的人，會失去很多眼前的機會，而當下又會在明天，變成本可以掌握卻失去了的昨天。

---

[39]：Wildschut,T., Sedikides, C., Arndt, J. & Routledge, C. (2006). Nostalgia: Content,trigger, functions. Journal of Personality and Social Psychology, 91(5),975-993.

[40]：Whitbourne,S. K. (1985). The life-span constructas a model of adaptation in adulthood. InJ. E. Birren & K.W.Schaie (Eds.),Handbook of the psychology of aging (2nded., pp. 594-618). NewYork, NY: VanNostrand Reinhold.)

以下有幾個判斷你是否活在過去的標準，如果答案多數是肯定的，那你需要考慮放不下過去這個問題了[41]：

✓你是否發現你對某一段特定的時光或經歷緊抓不放，沉溺在其中，久久走不出來？

✓你是否堅信自己再也不可能達到過去那種程度的快樂和滿足了？

✓現在的人生是否讓你感到筋疲力盡？你是否恐懼未來？

✓回憶、懷念過去，到最後是否總讓你感到悲傷？

如果你意識到自己就是個活在過去的人，以下有兩點小建議想要送給你：

1 轉換看待過去與現在的思維模式──從「失去了什麼」視角到「得到了什麼」視角

許多對過去念念不忘的人，都尤其喜歡感慨一路走來，生活中那些主觀或客觀的負面變化──「我和以前親密的朋友都走散了」「再也沒有那種不用爲生活發愁的無憂無慮的日子了」「從前人與人之間更加眞誠，一封短信都小心斟酌」……與此相比，我們常常忽視自己在歲月旅行中的收穫。比如，雖然和青春期的夥伴走散了，卻在達到相對成熟的狀態時，結識了可以進行更多精神交流的朋友；雖然不得不面對生活的壓力，卻也能更自由地爲自己做選擇和決定；雖然快節奏的生活讓人少了幾分耐心，卻也使我們可以更快、更便利地找到那些重要的人。

有研究指出，當人們被要求刻意回想，和總結身上及生活中的積極改變時，對生活的滿意度和幸福感也會得到提升。

因此，想要從過去這個泥沼中走出來，你需要提醒自己關注思考你得到的，並肯定它們的價值和你失去的一樣珍貴與難得。此外，你還可以試著想像，甚至模擬失去眼前的人和事的感受。

2多製造「第一次」的體驗

我們之所以覺得童年、青春期那麼快樂，很大的原因是，那時我們的閱歷十分有限，很多體驗都是新鮮的、新奇的，各種積極的初體驗，具有將快樂最大化的魔力。

㊶：Kennedy,K. A. (2014). When you're living in the past. Huff Post.

記得以前看過一本書，書中說，同樣是逛公園，小時候的我們可能會這樣描述：「今天去公園玩，見到了很藍的天，從沒見過的花兒，摸到了一隻非常活潑的白色小狗，媽媽還買了支好看的小風車。」但長大之後，我們的日記本裡，可能只會寫下「今天去了公園」。這種差異並不是因爲公園變了，也不是因爲我們變了，而是對我們來說太司空見慣，所以不會再注意到了。

因此，我們能做的最簡單的事，就是像小時候那樣，重新挖掘、探索各式各樣的新鮮的體驗，做一直想做卻又遲遲不敢做的事。可以是認識沒有接觸過的人，去沒去過的地方旅遊，學習一樣新的技能，換一個全新的髮型，把自己房間裝扮成完全不同的另一種風格……

我們體驗過的東西會變得越來越多，但從未做過的事卻也多不勝數。只需要稍稍踏出舒適區一點，而不是永遠躺在自己最熟悉的地帶。像個孩子一樣，永遠對不知道的事物保持著好奇心，勇敢地探索和嘗試的人，也許眞的能一直像孩子一般快樂。

願過去成爲讓你變得溫柔的理由，而不是束縛你前行的牢籠。

憂鬱的人比較能看清現實

但快樂需要一些自我欺騙

不知道大家身邊有沒有這類人：他們自我感覺十分良好，非常懂得欣賞自己。在剛開始接觸的時候，你甚至覺得他們有一點自戀。不過這種自戀又不至於太誇張、討人厭的程度。時間久了，你發現他們看到的自己，似乎真的就有自己眼中的那麼好，而且他們似乎也因此過得挺快樂。再後來，你也被這種「謎之自信」影響了，覺得這個人似乎真的挺不錯的。

看到這裡你會不會想問：這不是自我欺騙嗎？這樣真的會讓自己開心嗎？

我們在討論自我認知時，總是鼓勵大家認識「真實的自己」，但如果你眼中的自己戴著一層粉紅色的濾鏡，這樣的「自我欺騙」好不好？

自我概念的組成中，包含著自我欺騙

心理學家羅伊・鮑邁斯特（Roy Baumeister）和布拉德・布什曼（Brad Bushman）在談論自我概念時，提到了三個層面：

- 自我覺察——我們對自我的認識，即「我是怎樣的人」。自我覺察通常可以分為內部與外部兩種：我們對自己的認識，以及透過外界評價來了解自己。
- 自尊——我們對自我的評價整體上是正面的還是負面的。總體來說，我們的自尊水準由四方面決定：他人對我們的反應、我們對比自己和他人的方式、我們的社會角色、對自我身分的認同。
- 自我欺騙——自我概念中那些偏離了現實的部分。我們的自我概念往往比客觀事實更加積極，而主觀的自我概念與客觀自我之間的差距，就是我們自我欺騙的部分。

美國社會心理學家泰勒・雪萊（Taylor Shelley）和強納森・布朗（Jonathon Brown）[42]提

出了「積極錯覺」（Positive Illusion）這個概念，指的是人們對於自己，以及親近的人所抱持的一種不切實際的積極態度，被認爲是人們自我欺騙最主要的表現形式。人對自我的積極錯覺，又展現在三方面：

1 對自我的美好特質的誇大

「優於平均效應」等研究結論顯示，人們在評價自己時，傾向於認爲自己比起同儕更有魅力的、更聰明的、更忠誠的，甚至有潛力成爲更好的父母……總之，不論是在技能方面還是性格方面，人們都容易不自覺地爲自己戴上一層玫瑰色的濾鏡。

這種誇大[43]展現在人們的自我評價，往往會高於旁觀者的評價。不僅如此，人們在被要求描述自己的優點時，也比描述缺點時更加詳細具體。

42：Taylor, S. E., & Brown, J. D. (1988). Illusion and well-being: a social psychological perspective on mental health. Psychological bulletin, 103(2), 193.

43：Lewinsohn, P. M., Mischel, W., Chaplin, W., & Barton, R. (1980). Social competence and depression: The role of illusory self-perceptions. Journal of abnormal psychology, 89(2), 203.

2 對未來不切實際的樂觀

積極錯覺還表現爲稍嫌盲目的樂觀。人們在展望未來時，傾向於高估自己經歷積極事件的可能性（例如得到理想的職業或幸福美滿的婚姻），並低估自己經歷消極事件的可能性（例如患上重病；遭遇嚴重的事故）。

這種不現實的樂觀，還展現在完成任務所需的時間的評估。我們可能都有過這種經驗：在實際操作一件事時，我們所耗費的時間，通常遠遠超過原本計畫的時間[44]。因此，有經驗的計畫者，會在開始就預留更多的時間。

3 對控制感的錯覺

積極錯覺的第三層，是人們會高估自己的行爲對他人、環境以及事件結果的影響力，高估周遭一切的可控性。研究發現，即使結果被設定爲是完全隨機的，大多數的受測者依然會有控制錯覺，即沒有依據地相信自己的行爲對結果造成了一定的影響[45]。

事實上，對自我的積極錯覺可以在大多數人身上發現，只是可能有形式和程度上的差異。茱莉．歐文斯（Julie Owens）教授[46]的研究結果指出，我們是否以及會戴多厚的濾鏡，與基因有一定的關係，也與早年的成長環境密不可分。

比起嚴苛、冷漠的成長環境，在更多善意和鼓勵的環境下成長的孩子，更可能對自己抱有穩定的積極錯覺。

適度的自我欺騙，或許並不是一件壞事

現在我們知道，很多人都對自己的優點、未來和掌控感都有著或輕或重的玫瑰色濾鏡。如果你還對「欺騙」這個詞耿耿於懷，接下來我會告訴你適度欺騙自己的好處：

1 對自我抱有積極錯覺的人，更有動力

若干研究結果發現，比起能夠真實評估自己的人，對自己能力的評估高於實際水準的人，在完成任務時更努力，更有恆心，也取得更好的表現。並且，他們想要做好

---

44 : Buehler, R., Griffn, D., & Ross, M. (1994). Exploring the " planning fallacy" : Why people underestimate their task completion times. Journal of personality and social psychology, 67(3), 366.

45 : Alloy, L. B., Abramson, L. Y., Metalsky, G. I., & Hartlage, S. (1988). The hopelessness theory of depression: Attributional aspects. British Journal of Clinical Psychology, 27(1), 5-21.

46 : Owens, J. S., Goldfine, M. E., Evangelista, N. M., Hoza, B., & Kaiser, N. M. (2007). A critical review of self-perceptions and the positive illusory bias in children with ADHD. Clinical child and family psychology review, 10(4), 335-351.

一件事的動機往往是更強的[47]。

人們對自我能力的評價總是傾向於高估，但這是優點，而不是需要糾正的認知錯誤。若是人們總能如實評估自己的能力，那麼他們將很少遭遇失敗，但也不會付出額外的努力，超越平常的表現。研究者們認爲，爲自己加了濾鏡的人，對成功的期待也更高，他們更相信自己能做好。這種對成功的高期望，使得他們願意投入更多精力在這項任務上，並爲此堅持更久。

2 對自我抱有積極錯覺的人，表現出更強的修復力（resilience）

積極錯覺對於幫助人們度過人生中那些巨大的壓力事件和創傷，也有正面的作用。在針對乳腺癌患者[48]和九一一恐怖攻擊的倖存者[49]的研究中，積極錯覺是影響人們如何應對創傷，以及需要多久時間走出創傷的重要因素。

有積極錯覺的人們，認爲自己更能應對疾病或困境，他們認爲自己對病情或困境的控制力，比實際情況要強。他們建構起對未來的樂觀看法，在當時的條件下縱然是不切實際的，但卻眞的能成爲支撐他們挺過最艱難時期的力量。這些錯覺一般是輕微的，對現實的扭曲也是適度的。但嚴格意義上，仍然是不眞實的。

3 對自我抱有積極錯覺的人，有更高的幸福感

戴維．邁爾斯（David Myers）和艾迪．迪納（Ed Diener）[50]在對於幸福感的研究中，定義了幸福的人的三個特點：具有積極的自我觀念；有很高的個人控制感；多半能積極地看待未來。這三點幾乎與積極錯覺的三個方面完全重合。

簡而言之，幸福感高的人會表現出對自我的積極錯覺。

積極錯覺與幸福感的連結，還展現在我們和重要他人的關係中。前面提到，積極錯覺不僅關於自我，也可以關於身邊的人。研究發現，比起準確看待對方的夫妻，對伴侶的看法比伴侶的自我評價更積極的夫妻，更能在兩人的關係中感到幸福和滿意[51]。

---

47 : Bandura, A. (1989). Human agency in social cognitive theory. American psychologist, 44(9), 1175.

48 : Taylor, S. E. (1983). Adjustment to threatening events: A theory of cognitive adaptation. American psychologist, 38(11), 1161

49 : Bonanno, G. A., Rennicke, C., & Dekel, S. (2005). Self-enhancement among high-exposure survivors of the September 11th terrorist attack: Resilience or social maladjustment?. Journal of personality and social psychology, 88(6), 984.

50 : Myers, D. G., & Diener, E. (1995). Who is happy?. Psychological science, 6(1), 10-19.

51 : Murray, S. L., Holmes, J. G., & Gri n, D. W. (1996). The benefits of positive illusions: Idealization and the construction of satisfaction in close relationships. Journal of personality and social psychology, 70(1), 79.

4 對自我的積極錯覺，也能影響他人對我們的印象

當我們對自己戴著玫瑰色濾鏡時，這種理想化的自我認知也會影響我們的行爲。如果人們對自己的看法足夠積極和堅定，也能夠在一定程度上，影響身邊人對他們的印象和評價[52]。

5 積極錯覺可以緩解人們的存在恐懼

人類學家貝克爾曾說，看到這個世界眞實的一面是件可怕和悲慘的事。在他看來，積極錯覺能在減輕幾乎人人都會有的、對存在和死亡的恐懼。在貝克爾的觀點裡，對自己品德、力量和價值的誇大，使生命顯得充滿意義，並獲得永恆感。對於貝克爾而言，生命與錯覺共存。

有人會完全不受積極錯覺的影響嗎？有的。在與積極錯覺有關的研究中，有一類人被證實幾乎不受到積極錯覺的影響，他們是憂鬱症患者，因爲憂鬱損害了人們自我誇大錯覺，憂鬱症患者擁有更準確的自我認知。棉花糖實驗之父沃爾特·米歇爾（Walter Mischel）創造了一個術語來指代這種可能性：「憂鬱的現實主義」（Depressive realism）。

也就是說，心理健康的人反而不如憂鬱症患者看到的世界那麼眞實，而看到眞實世界的憂鬱症患者，卻並不快樂。儘管輕度憂鬱或焦慮的人能夠以相對客觀的、既不積極也不消極的視角看待自己，嚴重憂鬱的個體卻並非如此。他們會以極端、不切實際的消極目光來看待自己[53]。

由此看來，適度爲自己加一些濾鏡，似乎是一件好事。但，積極錯覺也可能帶來負面後果：

情況一：當人們過度誇大自己的優點時

過分自負和對自我優點的無限誇大，是自戀型人格障礙的重要特徵之一。研究者認爲，適度的自戀是健康人格的要素，而過分的自戀則不是[54]。

在自戀量表上得分極高的人，一般也會得到來自他人的負面評價，在人際中關係

52：Paulhus, D. L. (1998). Interpersonal and intrapsychic adaptiveness of trait self-enhancement: A mixed blessing?. Journal of personality and social psychology, 74(5),

53：Ruehlman, L. S., West, S. G., & Pasahow, R. J. (1985). Depression and evaluative schemata. Journal of Personality, 53(1), 46-92.

54：Raskin, R., Novacek, J., & Hogan, R. (1991). Narcissistic self-esteem management. Journal of Personality and Social Psychology, 60(6), 911.

中，他們明顯不受歡迎[55]。

情況二：**當人們過於高估自己的控制力時**

如果人們過分誇大自己對周遭的控制力，可能會表現出不適宜的堅持。堅持通常被看作好的特質，但明白什麼時候應該放棄，也是極爲重要的。

對自我的控制力抱有太過不切實際幻想的人，可能容易陷入徒勞無益的堅持，並會不懈地追求不可能實現的目標，爲此白白耗費自己的時間和精力。

如何科學地為自己加濾鏡呢

大家面臨的第一個問題可能是，那到底什麼樣的濾鏡、何種程度的錯覺才是適度的呢？

泰勒．雪萊和強納森．布朗指出，適度的積極錯覺會被環境所允許。因此，保持積極錯覺絕不是活在自己的世界裡，洗腦式地告訴自己「我很棒」，也要關注外界的聲音。如果你的自我概念頻頻受到來自外界的挑戰，說明你的玫瑰色濾鏡可能太厚了。

當然，從另一方面來說，如果你對自己過於負面的評價也時常受到挑戰，比如你總覺得自己的演講技巧一塌糊塗，但其實每次都做得不錯；或是身邊人老是對你說「你明明就很好，哪有你說的那麼糟糕」，那麼你或許也應該反省，你對自己的黑色濾鏡是不是太厚了。

如果你不知道如何開始建立對自己的積極錯覺，可以試試自誇日記。

在每一天的末尾，記錄下今天自己做的、值得誇讚的一到三件事，並在事件後面附上一句誇獎自己的話。記住，再小的事情也值得被記錄，也記住此刻沒有人在注視你、評價你，所以請大膽地對自己說出誇獎的話。例如：

- 今天鼓起勇氣向主管提了建議——我真是個勇敢的人。
- 今天自己做的便當很美味——我煮飯真好吃。
- 今天回答了一個超難的問題——我怎麼這麼聰明。

55 ∴ Raskin, R., & Terry, H. (1988). A principal-components analysis of the Narcissistic Personality Inventory and further evidence of its construct validity. Journal of personality and social psychology, 54(5), 890.

除了對自己的誇獎以外，你也可以養成隨時記錄別人對自己的誇獎和肯定的習慣，即使是一句簡單的「你今天頭髮很好看」。你可以記在方便的地方，比如手機的備忘錄裡，在一天結束時，整理進你的自誇日記。

在記錄這些小事時，你會發現你有很多被自己忽略的優點，即使再微小，至少值得被你自己看到。時常回顧這些話，尤其是在懷疑自己時，你會發覺你比自己想像中更加可愛——咦，好像有一點點自戀，但那又有什麼關係呢。

另外，研究還發現，自我欺騙分爲兩種：「誇大性自我欺騙」（個體將積極特徵歸因到自己身上，放大自己的積極特徵）和「否認性自我欺騙」（個體不切實際地否認自己有消極特徵），只有前者是心理健康的要素。也就是說，否認自己的問題，不會讓我們更快樂。

因此，我們鼓勵大家對自己保持一定的積極錯覺，不是建立在刻意否認自身問題的基礎上。在大力肯定、適當放大自己亮點的同時，你也需要面對自己的缺點，只是在面對時，可以抱著一種「我在可預期的未來裡，一定可以改善」、帶有積極錯覺色彩的信心。如果你覺得不夠快樂，不妨試試爲自己、爲生活加上一層薄薄的濾鏡。如果不喜歡「自我欺騙」這四個字，也可以將這層濾鏡命名爲「幸福的錯覺」。

Chapter 3

無法逃避
長大的我們

原生家庭不是決定你的唯一因素

每個人都有天生的精神胚胎

我們的人格究竟是如何形成的？

佛洛姆在《逃避自由》一書中提到，「人，並非純粹由生物因素決定的、由原始衝動欲望堆砌的一成不變的個體，也並非絕對由文化環境所操縱的木偶。我們人格的形成，是由先天與後天因素共同作用的結果。」

這節想聊的重點是，先天因素對我們人格的影響被低估了，在還沒有形成記憶時的最早期關係和環境所帶來的影響，往往被我們忽略。

首先來了解一下什麼是心理學意義上的人格。

人格是建立在生物基礎上的心理趨勢

人格，指的是人們在不斷成長的過程中，逐漸顯現自身在思想、價值觀、社會關係、行為模式、情感體驗等各個方面的「整體趨勢」（tendencies），以及在某些方面上與其他個體之間的差異❶。

眾多研究者認為，人格是建立在生物基礎上的心理趨勢❷，先天因素在人格形成過程中，其實扮演了相當重要的角色。而當越來越多的人開始討論早期成長環境等後天因素對於人格的塑造時，先天因素的意義，很多時候被輕視了❸。

人格形成的基礎：你可能忽略了自己的精神胚胎

氣質性格，也就是所謂的秉性，是那些在我們僅出生幾天的時候，就已經表現出

❶：Kazdin, A.E. (2000). Encyclopedia of Psychology. American Psychological Association.
❷：Jarrett, C. (2016). Personality appeared before you could talk. BBC.
❸：Erikson, E. H. (1950b), Growth and Crisis of the "Healthy Personality." In: Personality in Nature, Society, and Culture, 2nd Ed., ed. C. Kluckholn & H. A. Murray. New York: Knopf, 1948, pp. 176-203;Freud, A. (1963) The Concept of Developmental Lines. Psychoanal. St. Child, 18: 245-265. New York: International Universities Press.

來的脾氣性格，被看作奠定人格的最基本的趨勢特徵。

我們所熟知的「責任心」「宜人性」「外向性」「開放性」及「情緒穩定性」，即五大人格，就是最常被用以描述人格的基本趨勢的五個面向[4]。

劍橋大學心理學家布萊恩・李托（Brian Little）在研究中發現，當人們在新生兒的床邊製造出一些聲響的時候，有些新生兒會自然地轉向發出聲音的地方，而另一些新生兒的反應則相反，他們會默默地轉開[5]。不僅如此，他還發現那些會轉向聲源的新生兒，更有可能在之後成長爲外向的人；相對地，另一些新生兒則更可能成長爲內向的人。

每個人的身上似乎都存在這種與生俱來的精神胚胎，在生命的最初，表現爲氣質性格，影響著人們對於外部刺激的反應，也在之後的成長過程中成爲個體人格特質的基礎內核。

心理學教授丹・麥克亞當斯（Dan McAdams）曾在訪談中說道，一個人的人格，就像是被人們的種種人生故事包覆著的氣質性格[6]。

人格中真的存在著精神胚胎嗎？

除了上述對嬰兒及個體成長的直接觀察外，眾多心理學、生物學及遺傳學的研究，也都佐證了精神胚胎的人格基礎存在。

1 某些人格特質與生物性特徵存在直接相關

有研究透過功能性磁振造影（fMRI）發現了特定人格特質與基因的相關性。例如，擁有 5-HTT 這種基因序列的人更具有攻擊性，而糖皮質激素受體更活躍的人，天生抗壓力更好。哈佛大學教授傑羅姆．卡根（Jerome Kagan）也發現，人的一些生理特徵與人格相關。如：皮質醇（又稱壓力荷爾蒙）水準高的人更容易受感染；心跳頻率更高的人，更自我壓抑，更容易煩躁和感到焦慮[7]。

---

❹：Costa, P. T., Jr., & McCrae, R. R. (1994). Stability and change in personality from adolescence through adulthood. In C. F. Halverson, G. A. Kohnstamm, & R. P. Martin (Eds.), The developing structure of temperament and personality from infancy to adulthood (pp. 139-150). Hillsdale, NJ: Erlbaum.

❺：Dahl, M. (2014). How much can you really change after you turn 30? Science of Us.

❻：Friedersdorf, C. (2016). Do humans inherit or create their personalities? The Atlantic.

❼：FGallagher, W. (1994). How we become what we are.

這些基因與生理特徵，在人們還是母體中的胚胎時，就已經決定；因而，與這些特徵相關的人格特質，很有可能在胚胎中就被孕育了。

2人格特質並不隨著年齡的增長而變得不同

馬雷克・布拉尼（Marek Blatný）、馬丁・耶利尼克（Martin Jelínek）和特雷茲・奧斯卡（Terezie Osecká）[8]爲此做了一項跨越四十年的研究，受測者在最初參與研究時，還僅是幾個月大的嬰孩，到研究結束時，他們都已年過不惑。

研究者們從中發現，在嬰兒時期就表現得更不內斂，整體活躍度與敏感度都更高的人，在成年後更可能在外向性上得分更高，即更可能成爲外向的人。

也就是說，儘管在幾十年間，經歷了生活、學習、工作的許多的變化，但他們在出生不久所表現出來的氣質性格，與他們在不惑之年所展現的人格特質，存在著一致性。

3某些人格特質，並不因為後天環境的改變而改變

根據明尼蘇達大學，一九九〇年湯瑪斯・布沙德（Thomas J. Bouchard）、大衛・

萊克肯（David T. Lykken）、麥特．麥格（Matt McGue）[9]，以及一九九六年大衛．萊克肯與奧克．泰勒根（Auke Tellegen）[10]，這兩項關於同卵雙胞胎的研究都發現，儘管這些雙胞胎在出生後不久便被不同的家庭撫養長大，他們成年後的人格特徵仍然保持著很高的相似性（從明尼蘇達大學多項人格測驗，測量雙胞胎各自的人格特質得到該相關性），他們之間的相似性不比同一個家庭中長大的雙胞胎少。不僅如此，羅伯特．普羅明（Robert J. Plomin）等人對被領養的孩子與領養家庭的研究也發現，那些被領養的孩子在人格特質上，既不像養父母，也不像養父母家中的其他子女。

天生胚胎中的連結，並不會因爲成長環境的改變而被徹底割裂；雙胞胎之間天生的相似性，尤其在人格上的相似性，並不會因爲成長環境的差異，而變得截然不同。

---

❽：Blatny, M., Jelinek, M., & Osecka, T. (2007). Assertive toddler, self-efficacious adult: Child temperament predicts personality over forty years. Personality and Individual Di erences, 43, 2127-2136.

❾：Bouchard Jr., T.J., Lykken, D.T., McGue, M., Segal, N.L., & Tellegen, A. (1990). Sources of human psychological di erences: The Minnesota study of twins reared apart. Science, 250(4978), 223-228.

❿：Lykken, D. & Tellegen, A. (1996). Happiness is a stochastic phenomenon Psychological Science, 7(3), 186-189.

所謂精神胚胎究竟是什麼？

1 精神胚胎決定了人格特質的整體與相對趨勢

阿夫沙洛姆・卡斯比（Avshalom Caspi）、羅伯特・麥克雷（Robert R. McCrae）與麗貝卡・希納（Rebecca L. Shiner）提出了人格發展的成熟定律[11]，即每個人隨著年齡的增長，整體上都會變得更宜人、更有責任心、情緒更穩定、更外向等。

這種人格整體趨勢上的成熟，取決於個體生理上的成熟。同時，這種成熟建立在同個個體的過去和現在的比較之上。

也就是說，精神胚胎決定了每個人人格特質的整體趨勢和相對位置。

例如，一個責任心低於平均值的人，隨著年齡的增長，會變得比過去的自己更加有責任心，不過當他在與群體中的其他人相比時，仍然是那個相對缺乏責任心的人（因為其他人也會隨著年齡的增長，而比過去的自己更有責任心）。

儘管人們整體而言，比過去的自己變得更加成熟、更宜人、更有責任心等，但卡斯比等人認為，這種成熟的變化是有限的，人格並不會隨著年齡的不斷增長，無限度地發展變化。

他們以設定點比喻人格的有限發展，即不論人們的人格如何成熟或變化，最終總是在這個設定點所在的一定範圍內波動。例如，容易在社交場合感到緊張的人，即使隨著年齡的增長、經歷的豐富以及反覆的努力，能夠在最大程度上減低緊張感，卻也很難徹底轉變成爲樂於交際的人。

2 精神胚胎也影響著成長的環境，進一步影響人格的形成

在大量文章都強調教養方式對孩子的性格產生影響的時候，人們常常忽視一個事實：孩子天生的脾氣性格，會對家長的教養方式造成影響。

麥克雷等人認爲，有些父母對他們的孩子表現出更多的寵溺，很有可能是因爲這些孩子天生的宜人性較高，更常表現出可愛的一面（俗話說，會哭的孩子有糖吃……）。

另外，人們也會自覺或不自覺地選擇、主動尋找與自己個性更契合的環境，就這

⓫：Caspi, A., Roberts, B.W., & Shiner, R.L. (2005). Personality development: Stability and Change. Annual Review of Psychology, 56, 453-476.

樣人們的天性又在自己所選擇的環境中被不斷強化。

比如，一個成就取向的人，會覺得大城市能提供更多學習的機會和發展的空間，於是決定在大城市裡奮鬥，與此同時，他對於成就的渴望，也會在大城市裡不斷得到回應並加強。

哈佛大學教授傑羅姆・卡根也曾感嘆，先天因素對於人格形成的影響，超出了我們所能想像和所願意相信的程度。

在記憶形成之前，最初的環境影響了精神胚胎的發育

人格形成的後天因素，主要指的就是成長環境與經歷，其中，家庭是人們最初的社會化場所、最主要的成長環境。

環境的影響，早在記憶產生之前就開始了。我們有時候無法理解自己性格中的某些部分，和人生最初的記憶的缺失是有關的。你可能並不知道，自己在襁褓中的環境是什麼樣的。

1 人生最初的親子關係

親子關係是人們最初的社會關係，影響著個體日後的人際交往。尤其是在生命的初期，生理需求能否及時得到滿足，影響著個體對於外在世界與他人的信任感，以及安全感的判斷。當父母能夠及時回應孩子的需求時，孩子更有可能認為外在世界是安全的，長大之後也更容易表現得不拘謹，善於與他人交往[12]。

另外，精神分析師瑪格麗特．馬勒（Margaret S.Mahler）等人認為，嬰兒會從最初時期與母親的「共生」（symbiotic）關係中逐漸分離獨立出來。（所謂共生是由於嬰兒的生理需求與有限的認知能力，覺得他與母親之間最初就像是同個生物的整體。）

但若在共生期，母親的愛過於有侵犯性，或讓孩子感到喘不過氣時，他便會比其他孩子更早和母親保持距離，也更有可能在成年之後，對他人的親近感到不適，甚至抗拒。儘管大多數幼年的記憶早已被我們遺忘，但這些關於愛與安全的感受，早就固定在已有的精神胚胎之上，影響著之後的人際關係，包括親密關係[13]。

⓬：Mahler, M. S., Pine, F., & Bergman, A. (1975), The Psychological Birth of the Human Infant: Symbiosis and Individuation. New York: Basic Books.

⓭：Hayasaki, E. (2016). Traces of times lost. The Atlantic.

2 人生最早期的家庭教養

父母在家庭中養育、保護、照顧孩子的同時，也教育他們如何行走和說話，培養他們形成自己對世間的好惡、價值態度，爲他們提供社會交往、情緒管理等一連串社會化行爲的範本。很多時候，我們思考家庭對自己的影響時，並不了解在生命的最初，父母是如何教養孩子的。其實家庭對我們的塑造，在懂事之前就存在了。

從社會學習的角度來看，一方面，人們透過觀察學習來模仿父母的表情、姿勢、發音，到說話、走路，再到後來的爲人處世、價值判斷等等，塑造出孩子的人格特質。另一方面，透過行爲強化，即獎賞與懲罰，人們也能直接習得行爲的模式。例如，不諳世事的嬰兒，會因爲發現自己的笑可以得到母親更多的關注（獎賞），而更經常開懷大笑[14]，這便使他們更有可能在長大後成爲宜人性更高的人。

安娜．佛洛伊德（Anna Freud），（佛洛伊德的女兒）在「兒童發展理論」（Developmental Line）中提到了人生最早期的家庭教養對我們人格的影響。

例如，進入肛門期（analstage，一到三歲）的幼兒，原始衝動的滿足主要依靠大小便的排泄得以滿足。若此時，家長對於孩子排泄訓練失敗，如過早強迫孩子保持自身的潔淨，就有可能激發孩子透過自我防禦，捍衛自己自由排泄的權利，孩子也會因此更有可能形成所謂的「肛門性格」，即個性上更爲頑固、吝嗇和冷酷。

相反，如果家長對孩子逐步地進行排泄訓練，則能夠幫助孩子順利接受家長和社會對於個人清潔的要求。他們得以逐步將這種標準整合到自己的超我（即道德感）之中，對自己日後的行爲進行自覺的約束。而個體在守時、責任心等寶貴的人格特質，也會在此過程中逐漸形成。

當然，無論哪個生命階段，包括嬰兒期，個體成長過程中所遭受到的創傷經歷（如被某一方父母遺棄，目睹劇烈的家庭鬥爭等），都會對人格造成影響，即便個體甚至可能沒有意識到那些經歷是存在的（沒有記憶）。

這種影響是有生理基礎的。道格拉斯．布里納（Douglas Bremner）的研究發現，創傷性事件所帶來的巨大壓力，可能導致大腦中的海馬迴（hippocampus）萎縮，而這會對人們的情緒穩定性造成影響。

⓮：Thompson, R.A. (2008). The psychologist in the baby. Zero to Three.

我們仍然可以是自身人格的塑造者

看到這裡，你也許會質疑爲什麼要寫這篇文章。如果人格大部分由先天的精神胚胎決定，又受到生命最初環境的影響（那時候我們對環境還沒有太多的控制力），精神胚胎還影響著我們會在成長過程中進入什麼樣的環境（例如，天生宜人性高的孩子，更不容易被父母嚴厲地處罰；天生競爭性強的孩子，會選擇不斷進入更有挑戰性的學校等）。

這樣的事實是不是太悲觀了？我們是不是對自己成爲什麼樣的人，缺乏足夠的掌控力？

事實並非如此，意識到這些事實，恰恰對掌控自己的人格成長有好處。

每個人都有精神胚胎，決定你的基本氣質，和未來可能發展變化的範圍（複習：一個天生內向的人，可能會透過成長，變得更外向，卻不太可能比天生外向的人更外向）。

這意味著我們不需要對自己有過高的、不切實際的期待和要求。你一定有天然的極限，但同時也會有天生的優勢。接受最本眞、最核心的自己，同時在合理、現實的範圍內努力成長、進步。這會是讓你較少自我苛責、較少焦慮的狀態。

你的精神胚胎在一定程度上，也影響著你會選擇什麼樣的環境，意識到這一點，能幫我們避免自己變成一味埋怨外界和他人的人，並且對身處的環境保有更多的警醒。

同時，如果環境持續地不如人意，你需要看看自己的人格特點，是否也對此產生了影響（你是否選擇了進入和留在這樣的環境裡）。

而如果你希望了解更多不被自己理解的性格特點，可以試著了解自己生命最初的經歷，也許會有一些不一樣的啓發。

劍橋大學教授布萊恩・李托認爲，人們並非基因或環境的受害者，即使在人格形成之後，依然可以自由地選擇成爲一個怎樣的人。他指出，每個人都至少有三個自我：一個是由基因決定的自我；一個是在環境與文化影響下的自我；還有一個是由我們追求的人生目標與價值所定義的自我。

而最後這一個，才是最重要的、完全屬於自己的自我。

還不了解自己，卻已經要做出人生的選擇

找自己的四種狀態，你是哪種？

我們曾說過，十八至二十五歲的成年初顯期，可能是人一生中最困難的階段。空虛、迷茫又焦慮，可以說是這個年齡層的人最普遍的感受了。其實，這與年輕人還沒有眞正地找到自己有關：不知道自己是誰，不知道未來在哪，不知道如何平衡「做自己」與「守規矩」。

或者說，他們尚未完成重要的人生發展任務：自我認同。

找到自己，是每個人都要完成的人生任務

自我認同，或者說自我統一性的建立，在著名心理學家艾瑞克．艾瑞克森（Erik H. Erikson）的理論[15]中，被認爲是非常重要的人生任務。

當一個人形成了自我認同，也就意味著他對於自己是怎樣的人、將要去向何方、自己與社會的關係，有了相對穩定且連續的認知[16]。比如，他會更清晰地知道自己的底線與價值觀，喜歡和什麼樣的人交朋友，選擇什麼作爲奮鬥的事業，如何平衡社會期待與自身意願……

自我認同的形成，是人們做出很多重要人生選擇的基礎[17]。與此同時，人們在不同的嘗試和選擇的過程中，才逐漸地認識自己，獲得自我認同。

在艾瑞克森看來，自我認同的形成，並不是簡單經驗的累積，而是整合。在結識了不同的朋友，嘗試了各種類型的事情之後，我們的內心會更加清楚在交友、規畫未來、尋找人生意義的時候，背後一以貫之的信念和價值是什麼，在我們看來可以定義自我、非常重要的東西，到底是什麼。

不過，這個嘗試、探索與整合的過程，有可能會帶人們進入充滿危機的局面，有些人穿過了這些危機，有些人卻停留在混亂之中。

---

⑮：Erickson. E.H. (1968). Identity: Youth and crisis. New York: Norton.
⑯：Shaffer, D.R. & Kipp, K. (2013). Developmental Psychology: Childhood and Adolescence (9th ed.). Cengage Learning.
⑰：Erickson. E.H. (1950). Childhood and Society. New York: Norton.

找自己可能有四種狀態，你處在其中的哪一種

詹姆斯．馬西亞（James E. Marcia）把處在這個過程中的人們，根據探索與承諾兩個層面，劃分成了四種不同的狀態[18]。

1 早閉型

處在這種狀態中的人，通常已經獲得了自我認同；不過，這種認同感並非基於自身的探索和嘗試，而是基於他人，尤其是父母。

比如，他們認爲「因爲我父母是老師，所以我也應該當老師」。對於這類人而言，他們在尋找自己的過程中，幾乎未曾經歷過危機（低探索），就確立了對自己的認知以及對未來的規畫（高承諾）。

他們最大的特點，便是對權威的服從和尊敬。雖然他們看似對於自己想追求的事情十分堅定，但這份堅定又十分脆弱的。一旦面臨失敗，或者他人（尤其是權威）的負面評價，很容易陷入自我懷疑和自我否定。他們對自己的認知，或者努力的方向，幾乎從來就不是從自身出發。

2迷失型

他們不在尋找自己的過程中，既不了解自己，不確定未來的發展（低承諾），也並不太關心這類問題（低探索）。他們很容易拋棄曾經做過的決定，也總是處在一種「走一步看一步」的狀態中，甚至會接受與過去決定截然相反的機會。

儘管可能在外人看來，這類人處於混沌不清的狀態裡，但他們自身很有可能並不覺得有什麼異樣。雖然有一些處於迷失中的人，可能會在面臨升學或就業等人生轉折的時候無法適應，但也有一些處在迷失的人，能夠妥善地應對這些變化。

3未定型

處在未定狀態中的人，便是正在努力探索自我，尋找自我（高探索），但還沒有得到答案的人（低承諾）。

比如，他們可能正在思考：「大家都想去離錢近的金融行業，我應該跟隨主流嗎？如果不，那麼我又想做些什麼呢？」

⓲‥Marcia, H.E. (1966). Development and validation of ego identity status. Journal of Personality and Social Psychology. 3(5), 551-558.

他們因此往往也是最能在主觀上感受到自己處在危機之中的人，而迷茫與焦慮也是處在這個狀態中的人最常有的感受。馬西亞認爲，「未定」可能是四種狀態中最令人掙扎與煎熬的，不過，相比前兩種狀態，他們卻也是最有可能在經歷過探索之後，到達第四種狀態的「自我認同定向」。

4 定向型

馬西亞認爲，形成自我認同的人，都經歷過探索所帶來的危機（高探索）。他們在穿越危機之後，最終獲得了對自己更清晰的認知，對某些特定的人生目標、信仰、價值觀做出了承諾（高承諾），這是基於對自己的了解，而認定了自己努力的方向。於是，他們在接下來面對人生的機遇與挑戰時，也更能夠依據本心做出抉擇，在面對坎坷與阻礙時，也不至於瞬間心灰意冷，全盤否定自己的努力和方向。

馬西亞指出，形成自我認同的人，是所有四種狀態的人中最少聽信權威的，也更少受到外界負面評價的威脅和動搖。

在艾瑞克森的理論中，人們應該在十二至十八歲的青少年時期，完成認識自己、找到自己的人生任務，獲得自我認同。不過在現實中，這個重要任務似乎被推遲了。

對於我們這些經歷過，或者正在經歷成年初顯期（十八至二十五歲）的人，或許都有這樣的體會：

在上了大學之後，我們似乎才開始意識到要認識自己、探索自我。而整個成年初顯期，我們似乎都處在危機與探索之中，還未找到自己，倍感焦慮與迷茫。

為什麼人們遲遲沒能找到自己呢

這也與現有的教育方式不無關係。十二至十八歲的青少年本來應該在現實壓力更少的階段，有更多的機會參與和未來發展、宗教信仰、親密關係相關的各種探索活動，藉此尋找自我。

但現實情況卻是，這個過程被現今制度化教

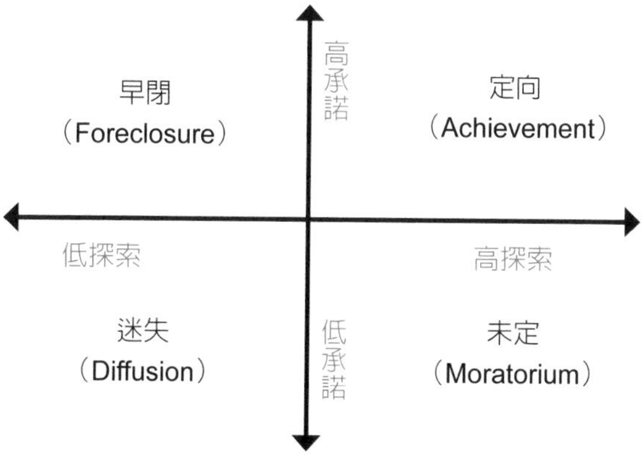

高承諾
早閉
（Foreclosure）
定向
（Achievement）
低探索
高探索
迷失
（Diffusion）
未定
（Moratorium）
低承諾

育所排擠，孩子們都在一味地求學，即便參與了很多課外活動，卻也仍是以升學爲目的。

不過，心理學家們在多年後的研究中發現，人們要找到自己、形成自我認同，可能實際上比艾瑞克森所預計的要晚一些。

在馬西亞的研究中發現，僅有二十%的人在十八歲時就形成了自我認同，大多數人（七十%）要在二十四歲以後，才能獲得一種比較穩定的自我認知，找到未來的方向。

也就是說，這一現象其實並非是當代年輕人所獨有的。自我認同這個人生任務的達成，原本就比預計所需要的時間更長。

另外，這也和每個人所受到的家庭教養有關。我們會發現有些人的確比其他人更早地找到自己，對自己未來的發展較早有了清晰的規畫。心理學家們發現，與父母相互尊重，有穩固感情基礎，同時父母能給予更寬鬆個人空間的孩子，更有可能隨著自我探索而獲得自我認同。

但總是被父母忽略或拒絕的孩子，既難從父母身上模仿或學習認識自己，也很難做出尋找自我的嘗試（可能會被視爲挑戰或叛逆）。

而與父母關係過於親密，完全由父母掌控自己人生的孩子，從來不敢挑戰父母權威，也不願脫離父母形成自我認同，他們完全依附於父母的決定。

這兩類孩子都很可能在找到自己這條路上受挫，前者容易陷入迷失的狀態，而後者則更可能陷入早閉。另外，找到自己，獲得自我認同這項任務，可能持續終生。

就像馬西亞所說，可能是發展階段理論帶來的錯覺，人們會覺得階段的危機解除，任務達成，便可以一勞永逸了。但事實卻並非如此，尤其在自我認同上，即便人們在某個階段獲得了相對穩定的自我認知，這也並不意味著從此不再改變。

很多成年人會在獲得自我認同的多年以後，仍然被這個問題所困擾，重新提出「我是什麼樣的人」這樣的問題[19]。通常發生在原有認知和新環境發生衝突，或者環境提供了新的可能性的時候，可能是重要的人生轉折，比如就業、結婚、生子，也可能是在面臨一些機遇的時候。

比如，一個人在工作中有機會去實現自己的理想，但同時也會有需要爲金錢妥協的時刻，此時，他有可能會重新陷入「我是誰」的自我拷問，意識到自己曾經對於金

---

⑲：Kroger, J. (2007). Identity Development: Adolescence through adulthood (2nd ed.).SAGE Publications, Inc.

錢和理想或許看得過分二元對立了，認識到自己並不是視錢財如糞土的人。

那麼，怎樣才能找到自己

「自我認同」是人們在不斷探索與選擇的過程中逐漸獲得的，我們會在過程中更加清楚：「我是什麼樣的人？」「作爲男性或者女性，什麼樣的關係是我想要的？」「我認爲男女應該如何分工？」「什麼樣的職業是我想要的？」「我信奉怎樣的價值觀與世界觀？」

有些時候我們會以爲，找工作或者找對象的嘗試，是展現自我認同的過程，也就是我找的工作/對象反映了我是一個怎樣的人、我的喜好、我的價值。

但其實，在尋找自己的階段，尤其對於成年初顯期的人而言，做出嘗試或選擇，更是獲得自我認同的過程，無論喜歡或不喜歡，在每次做出嘗試/選擇的時候，我們都會離了解自己更進一步。

所以，不要因爲害怕暴露自己而停止嘗試，不敢選擇；要把這些嘗試和選擇都當作了解自己的途徑，這樣你會更有勇氣去探索。

另外，我們也要學會與重要的他人「分化」（differentiation）。正如前文所說，有時候，我們看不清自己，其實與身邊的人過分親密，過度依賴與干涉有關。

因此，想要看清眞正屬於自己的情緒、認知、行爲舉止，我們需要努力辨別在一些情境中，哪些是他人的要求，哪些才是我的感受；哪些是他人的期許，哪些是自我的選擇。在這些時刻，不妨試著在內心向自己提出這些問題，進行思考。

最後，你可以跟我們做這樣的練習：想像二十年後，你理想中的一天的生活是什麼樣子？

你的生活充滿規律嗎？還是仍有很多不規律、新鮮又有挑戰的事情？你結婚了嗎？你定居在哪裡？你有孩子嗎？你的經濟條件是什麼樣子？日常生活中使用哪些物品和服務？你有很多新認識的朋友，還是只和一個小圈子保持著深厚的友誼？

對於這一天生活的想像越深入、越細節，越能幫你了解，你究竟渴望什麼樣的生活，以及你在生活各個方面的價值取向和偏好。這種了解，反過來又能幫你重新做出眼下的種種選擇。

在我們尋找自己的路上，或許沒有終點。所以，你不必因爲自己錯過了青春期，又或者錯過了成年初顯期而感到惶恐，也不必爲了希望快一點抵達而焦慮不安。人生很長，你不用急，也不用慌。

生活給你出了難題，可也終有一天會給出答案。

了解你為何沒有足夠的安全感

淺談客體恆常性

客體恆常性，影響著人們存在於世的穩定、信任與安全感。

安全感是與信任密切相關的情緒狀態。人們相信外在的世界不會給自己無法控制的傷害，於是產生了這種感情。

有些人的信念較強，會表現出較爲放鬆和篤定的狀態，而有些人對此信念不足，就需要時時刻刻向外界尋找和確認安全。這種心態和行爲的影響因素很多，其中很重要的，是心理學中的客體恆常性（object constancy）。

什麼是客體恆常性？

爲了理解這個概念，我們先來理解什麼是客體。客體（object）與主體相對。主體是我們的第一人稱，而客體則是我們作爲主體所指向的對象。客體恆常性顧名思義，指的是我們與客體能夠保持一種恆定的常態（constancy）的關係。

客體分爲外部客體和內在客體兩種。外部客體是我們體外客觀世界裡的東西，內在客體則是我們內心裡形成的、對應那些外部客體的圖像。

擁有客體恆常性，意味著人們有能力保留（自身以外的）客體在心中映射出的穩定圖像[20]。此時，我們內心擁有的，是穩定的內在客體。

內在客體的穩定包括兩層意義：

- 情緒上的穩定——當我們與外在客體在空間上遠離的時候，心中仍舊可以保持這些客體的形象，同時仍能夠透過內在客體，感受到自身與客體保持著一種穩定的親密情感。例如：「他和我有一段時間沒有聯絡，我仍能感受到我們是相愛的」，就是一個例子。
- 認知上的穩定——某個客體在我們心中的形象是一以貫之的、穩定的，我們不會因爲外在客體一時無法滿足我們的需求，就立刻推翻之前的感受與評價（內在客體）[21]。例如：雖然他犯了個錯誤，但我依然覺得他是個不錯的人。

整體來說，不管是情緒上還是認知上的客體恆常性，指向的都是一種能夠在變遷的世界，與外在客體維持穩定關係的能力，這也是情緒成熟的一個重要指標[22]。

客體恆常性是如何形成的

在客體恆常性形成前，人們和撫養者關係的發展主要經歷了三個階段：自閉、共生、分離與個體化[23]。

「自閉階段」（零至二個月）指的是在嬰兒誕生的初期，孩子大部分時間都在睡眠中度過，處於一種自我封閉的狀態中，還沒有發展出自我或是撫養者的概念，對於客體沒有覺知。

緊接著嬰兒會進入「共生階段」（二至六個月），他們開始有了自我的主體意識，開始模糊地察覺到自己對於撫養者的需要。但此時的嬰兒覺得自己和撫養者是一體

---

[20]：Fraiberg, S. (1969). Libidinal object constancy and mental representation. The Psychoanalytic Study of The Child, 24(1), 9-47.
[21]：Mahler, M. (1971). A Study of the separation-individuation process. The Psychoanalytic Study of The Child, 26(1), 403-424.
[22]：Akhtar, S. (1994). Object constancy and adult psychopathology. The International Journal Of Psychoanalysis, 75, 441-455.
[23]：Mahler, M., Pine, F., & Bergman, A. (1975). The Psychological Birth of the Human Infant: Symbiosis and Individuation. New York: Basic Books.

的，是同一個意識，嬰兒認爲自己的任何需求一定會即刻被撫養者滿足。

在「分離與個體化階段」（六至二十四個月），隨著嬰兒行動能力的提升，他們可以從撫養者身邊爬開，探索更大的世界。嬰兒慢慢意識到自己是自己，撫養者是撫養者，並開始成長爲不需要時刻依附於撫養者的獨立個體。

「分離與個體化階段」是孩子形成客體恆常性的關鍵時期。在這個過程中，孩子一方面認識到，撫養者有時會無法及時回應自己的需求。但是沒有關係，這不會帶來毀滅性的結果，因爲撫養者之後還是會回應自己的需求。這讓孩子學會安心等待，並能夠接受在某些時刻和一定程度上的失望。

在內心形成關於撫養者穩定的圖像至關重要。只有分離，才有機會讓孩子鍛鍊內心穩定圖像的形成，而撫養者只有在過程中好好回應了孩子的需求，孩子才能產生對撫養者的信任。

最早的客體恆常性，就是在這個過程中開始形成的。可以說，我們在人生最初時期，對撫養者形成的信任，是對外在世界信任的起點和基石。

為什麼有人會缺乏客體恆常性

1 童年不愉快的分離體驗

在分離與個體化階段，撫養者不當的分離方式會阻礙孩子客體恆常性的發展。

錯誤一：**完全不分離**

有的撫養者時刻和孩子在一起，總是及時滿足他的需求，從來不讓孩子感受到失望。如此不允許分離，會讓孩子與客體的關係，將始終停滯於與撫養者共生的階段[24]。由於沒有機會在撫養者不在身邊時，逐步在心中產生撫養者的影像，因此無法形成客體恆常性。

錯誤二：**直接強制分離**

分離對於孩子來說是複雜的體驗。一方面，因爲探索世界而感到快樂；另一方面，因爲離開賴以生存的撫養者而感到焦慮、害怕。

---

[24]：Mahler, M., Pine, F., & Bergman, A. (1975). The Psychological Birth of the Human Infant: Symbiosis and Individuation. New York: Basic Books

所以，好的分離過程，要求撫養者在被需要時仍會出現。這是分離的安全基礎，孩子確信這點之後，才可以暫時擱置分離的焦慮，自己去體驗世界[25]。

在與孩子分離時約定與孩子重聚的時間，並且履行承諾，才能給予孩子安心等待撫養者回來的信心。在這樣的信心中，孩子內心開始形成對於撫養者的穩定圖像。

當孩子們能夠等待，且自信期待滿足，他們開始形成安全感，且不因與撫養者的空間和時間距離而改變。

2成長過程中，撫養者的回應忽冷忽熱

孩童必須累積夠多的溫暖經驗，並且認為溫暖是生活的常態，才不會因爲小小的分離或不快，就動搖自己內心穩定美好的、關於客體的圖像。

因爲美好的經驗夠多，孩子會原諒撫養者的一些過失、對自己的傷害等。他們慢慢形成理智上整合矛盾的能力，經歷一番內心掙扎，開始接受有瑕疵但夠好的概念[26]。

3成年後痛苦的分離體驗

瑪格麗特．馬勒指出[27]，客體恆常性的發展並不會在生命早期就完全結束。我們

與客體的關係，會在之後的人生裡不斷發生改變。

長大後，我們會與更多的客體產生連結和感情，例如，寵物、家鄉、同學、戀人等。

但人們也可能被迫與他們依戀的客體突然分離。比如說，親人逝世、戀人分手、寵物走失或是舉家遷徙等等。人們對於外界世界的基本認知，可能會被這些創傷所挑戰[28]。也就是說，如果長大後與客體有意料之外的創傷經歷，我們的客體恆常性也會遭到破壞。

缺乏客體恆常性會怎麼樣

個體心理學的建構者海因茨．科胡特認爲[29]，人與外界客體互動最健康的狀態是，

[25]：Mahler, M., & Furer, M. (1969). On Human Symbiosis and the Vicissitudes of Individuation. New York: International University Press.

[26]：Ainsworth, M., & Bell, S. (1970). Attachment, exploration, and separation: Illustrated by the behaviour of One-Year-Olds in a Strange Situation. Child Development, 41(1), 49.

[27]：Mahler, M. (1971). A Study of the separation-individuation process. The Psychoanalytic Study of The Child, 26(1), 403-424.

[28]：Calhoun, L., & Tedeschi, R. (2004). Author’s response: "The foundations of post-traumatic growth: New considerations". Psychological Inquiry, 15(1), 93-102.

[29]：Kohut, H. (1971). The Analysis of the Self. Chicago: University of Chicago Press.

能同時有獨立感和依附感。但缺乏客體恆常性，會讓人們既不能獨立，也不能依附。

說到底，具備客體恆常性之後，我們的內心會有對於客體的信任感，進而擁有自身的安全感。有能力不需要真的和外在客體時時確認自身的安全，因為我們的內在客體是穩定的。此時，我們能夠自給自足地擁有滿足感和安全感。

缺乏客體恆常性的人，沒有能力在心裡形成形象足夠穩定的內在客體，或者無法維持夠長時間，很容易崩塌。我們對與外部客體的認知和感情，會由於現實中的分離（比如失聯）產生劇烈動盪。

再來複習一下客體恆常性的過程：

外部客體和我們發生關係，我們的內心產生關於外部客體的對應形象（內在客體），外部客體以其對應的內在客體與我們發生關係。雖然外部客體會產生分離或有過失，但對應的內在圖像（內在客體）相對穩定，我們與內在客體的關係也相對穩定，有安全感。

所以缺乏客體恆常性的人，難以真正地獨立，是因為與外在客體一旦暫時失去聯繫，他們就會不安，他們需要不斷從外部客體中獲得即時的確認，才有安全和滿足感。

缺乏客體恆常性的人，也無法真正享受與別人的連結感。由於無法保留內在客體，他們對他人的評價也經常動搖，只是基於他人當下的表現和自己當下的感受，也無法容忍他人偶爾的過失。可以說他們缺乏信任的能力，所以他們也無法眞正享受長期穩定深入的連結感。在人際交往中，如果缺乏綜合評判他人的標準，會讓我們錯過眞正關心自己的人，因爲一直只讓你感覺良好的人，並不能算是眞正的好朋友。缺乏客體恆常性的人，也可能因爲一時感覺不好，而推開珍貴的人。

缺乏客體恆常性的人，成年之後可以努力改變嗎

客體恆常性的存在，與在我們的自身中安居有著重要的關係。

這是一種能夠幫你看清世界的能力，你會發現這個世界雖不是一成不變，也並不是想像中的那麼無常，代表著一種安寧與穩定的感覺。

好消息是，成人後客體恆常性仍有機會提升。你可以嘗試以下方式。

1認知上的改變

缺乏客體恆定性的人，在和外界的互動中產生負面情緒，可能馬上對外界和自己

定下負面的評價。爲了改變這種本能式的過快下結論的思維方式，也許人們可以有意識地以更理性的良性思維模式替代。

丹尼斯．格林伯格（Dennis Greenberger）和克莉絲汀．佩德絲基（Christine A. Padesky）所著的《想法轉個彎，就能掌握好心情》（*Mind over Mood*）中，提出了七個步驟：

第一步 **情況：**現在讓你出現強烈情緒的場景。例如：戀人離開家，出差五天。

第二步 **情緒：**現在的情緒。例如：害怕、焦慮和恐慌。

第三步 **自然湧現的想法：**因爲這個場景，令你自然而然產生對於他人和自己的一些看法。例如：他拋下了我，代表我不值得被愛。

第四步 **支持這些想法的證據：**實實在在發生的事情，讓你覺得這些想法是事實。例如：他沒有說到底什麼時候回來，而且我一直沒收到他的訊息。

第五步 **不支持這些想法的證據：**實實在在發生的事情，讓你覺得還存在第二種可能性。例如：他一直都很在意我的感受，而且走之前說了事情結束後會儘快回來。

第六步 **平衡後的想法：**在對比了兩方面的證據後產生的新想法。例如：他一直不傳訊息給我是不好的，但是很有可能不是他不想理我，而是暫時抽不開身。

第七步 **評價現在的情緒：**有沒有變化或有沒有產生新的情緒。例如：掛念和擔心，而不是無法承受的恐慌。

2 情緒上的改變

成年後建立新的關係，可能會催生對人際關係的新看法[30]。找一個能夠信守承諾、情緒穩定的人，建立起長期的人際關係。這個人不一定是親密對象，也有可能是密友。如果在日常生活中，很難找到這樣的人建立穩定的長期關係的話，與心理師建立類似的長期關係，也可能會有相同的作用。在這些長期關係中，人們能夠重新審視自己對於客體的慣性思維。

願你我都能日漸成長爲更穩定的人。

30：Harms, L. (2011). Understanding Human Development. South Melbourne, Vic: Oxford University Press.

為了逃避可能的失敗，我選擇主動原地躺下

你是一個不敢努力的人嗎？

「魯蛇」這個詞經常被大家用來自我調侃。在我的觀察中，身邊自稱「魯蛇」的人，大多不是理直氣壯地癱著，而是一邊焦慮一邊就地躺下，然後繼續躺著焦慮。更有趣的是，很多魯蛇與其說是不想努力，不如說是不敢努力。甚至，他們還會主動給自己挖坑。如果你也是一個無法心安理得躺著，且不知為何離自己內心想要的東西越來越遠的魯蛇，這篇文章或許能幫助你。

不敢努力且主動挖坑，是一種自我設限

這種看起來很不理智，不僅不努力還爲自己挖坑的行爲，在心理學中有一個對應的概念，叫作「自我設限」（Self-handicapping）。一九七八年由心理學家愛德華·瓊

斯（Edward Jones）和史蒂芬．柏格拉斯（Steven Berglas）首次提出[31]。

自我設限，指的是在計畫進行之前先預設障礙，做出對成功不利的行爲或言辭，並在事後將結果的不理想，推托給事先預備好的理由。這是一種認知策略，自我設限者在預測自己無法達到目標，或者可能表現得極不理想的情況下，使用這種策略。

値得注意的是，自我設限雖然是策略，但通常是自動的、無意識的發生。換言之，給自己挖坑的人，可能意識不到這種行爲傾向，覺察不到自己行爲的意圖。

瓊斯和柏格拉斯在研究「自我設限」時，設計了巧妙的實驗[32]：

志願者們在進入實驗室後，先會被分配到一個任務。一部分人拿到的是非常困難的測試（只能靠瞎猜），另一部分人則被分配到相當簡單的測試。志願者對於彼此之間的測試難度差異並不知情。

完成後，兩組志願者得到同樣的回饋：「你完成得很出色，結果非常好」。此時拿到極困難任務的志願者心裡會有所疑惑，並把這種僥倖的出色全都歸功於運氣。相對

---

[31]：Berglas, S., & Jones, E. E. (1978). Drug choice as a self-handicapping strategy in response to noncontingent success. Journal of personality and social psychology, 36(4), 405.

[32]：Jones, E. E., & Berglas, S. (1978). Control of attributions about the self through self-handicapping strategies: The appeal of alcohol and the role of underachievement.

地，簡單任務組就不會對這個回饋感到意外。接著，志願者們被告知剛才只是熱身，主要是測試他們現在大概的水準，接下來會再做一次測試，把結果作爲眞正的實驗資料。

在第二次測試開始前，志願者們被告知現在有兩種藥可供選擇，一種增強藥可以提升他們測試時的表現；另一種藥會削弱他們的能力，使他們的發揮受到影響。

猜猜哪一組有更多人選擇了會削弱能力的抑制藥呢？答案是困難任務組。

這組人深知自己第一次的優秀表現是僥倖，所以他們擔心再做一次，很有可能會露餡。爲了保護自尊心，也爲了維護他們在實驗者心中的形象，他們需要好的藉口掩飾自己的失利，而「我服用了抑制藥」就是最完美的理由。這是自我設限的範例。

自我設限有兩種類型，一種叫作「行爲式設限」，另一種叫作「宣稱式設限」。

顧名思義，前者設置障礙會展現在實際行爲中。他們可能會故意做一些會擾亂自己發揮的事情，比如拖延、酗酒、通宵打遊戲等等。他們還可能在明明知道該做什麼的情況下，卻什麼都不做，來達到設障的目的，比如明明要考試卻不複習。

而另一些自我設限則是宣稱的，即口頭上表示自己因爲某些原因處於劣勢。考試前說自己沒複習，演講前說自己身體不舒服，約會時說自己其實不太會化妝，都屬於「宣稱式的自我設限」。不過，這種宣稱並不一定與實際行爲一致。

自我設限看似是自我保護，長期卻會帶來傷害

給自己挖坑這件事，的確有積極作用。

人們透過自我設限，為可能的失敗尋求看似合理的外在歸因（將事情的結果歸結於與自己無關的外部因素），以維護自尊。因為比起自己拚盡全力也未能達到預期的效果，更傾向被評價為「能力不足」「不夠聰明」「沒有魅力」，即便這種評價實際上只來自他們自己；人們寧願自己是由於故意不努力，而被人說魯蛇，或是將失敗理直氣壯地推給「時間不夠」「沒有準備」，或是「身體不適」。

畢竟，對許多人來說，面對和接受「我努力了也不過如此」這件事，才是最困難的。自我設限不僅有維護自尊的作用，甚至還能在特定情況下提高人們的自尊，發揮「自我強化」和印象管理的作用[33]。最常見的，就是一個人在自我設限的情況下，依然取得了滿意的結果。在這樣的時刻，我們在享受成功喜悅的同時，還能添加一層光環——「我都出了狀況，還可以做得這麼好」。

甚至，在一些人的眼中，努力並不是褒義詞。他們會覺得，拚命努力卻沒有取得

---

[33]：Rhodewalt, F., & Vohs, K. D. (2005). Defensive Strategies, Motivation, and the Self: A Self-Regulatory Process View.

什麼明顯成就的人有點笨。所以他們想要營造不努力的形象，在這種形象背後，包含著「我只是不努力，我努力了就一定會和現在不一樣」的幻想。

研究結果顯示，在完成任務時使用自我設限這種策略，的確可以在短時間內提升一個人的自尊水準，讓人們的自我感覺更良好，不論任務是成功了，還是失敗了[34]。

然而，自我設限的保護是暫時且脆弱的。從更長遠的角度來看，雖然自我設限是用來保護自尊的策略，但若是經常這樣做，會讓人們不自覺地將對自己和未來的期望越放越低，他們對自己能力的認知也會越來越不準確。

他們只會去好好完成極其簡單，幾乎不可能失敗的任務。因此，人們會由於習慣爲任務增添不必要的障礙，而逐漸失去檢驗自己究竟能做到什麼程度的機會，無法了解自己優勢在哪裡，極限又在哪裡。

而眞正健康的自尊，一定是建立在對自我有全面認知的情況下。這種全面包括：清楚認識自己擅長與不擅長的地方，優勢與劣勢，並能夠在此基礎上依然堅信自己的價值。這也是爲什麼自我設限帶來的短期自尊提升，其實不堪一擊，長期來看，這是我們建立健康自尊所設立的障礙。

自我設限是一種消極回避的策略，可以說是自我欺騙，無益於認識自己，也無法帶來實質意義上的成長。長此以往，甚至會變成惡性循環。

什麼樣的人更容易自我設限

1 回避失敗型動機取向者

社會心理學家安德魯·艾略特（Andrew J Elliot）等人[35]提出的動機模式中提到，人們選擇做或不做一件事的動機可以分爲兩種：「獲取成功」和「避免失敗」。

簡單來說，有一些人就算知道有失敗的風險，也想爲了成功一搏（哪怕終不遂我願，試過就不後悔）；而還有一些人比起可能面對的失敗，寧可選擇不要成功（如果有可能做不到，那我還不如不做）。顯然，習慣自我設限的人通常屬於第二類，他們對失敗的恐懼，超過了對成功的渴望。

34：Rhodewalt, F., & Fairfield, M. (1991). Claimed self-handicaps and the self-handicapper: The relation of reduction in intended e ort to performance. Journal of Research in Personality, 25(4), 402-417.

35：Elliot, A. J., & Church, M. A. (1997). A hierarchical model of approach and avoidance achievement motivation. Journal of personality and social psychology, 72(1), 218.

2 過度悲觀者

日常生活中，當我們說一個人是樂觀或悲觀的時候，通常指的就是一個人在氣質類型上的樂觀／悲觀，表現為人們對於未來是好是壞的預期和判斷。樂觀主義者，通常認為自己的未來會是美好的；悲觀主義者，則並不相信自己的未來會是美好的。

過度悲觀也容易讓人進入自我設限的模式中。當預期會遇到挫折或失敗時，過度悲觀的人會選擇放棄抵抗或不做努力，並且無意識地採取措施，證實自己的猜想：「我的未來是不美好的。」「我無法得到我想要的。」他們不會盡全力，因為覺得努力也無濟於事。甚至，過度悲觀者使用的設限方法更消極和被動，比如拖延。

3 隱性自戀者

自我設限常常和低自尊聯繫在一起，其實和自戀間也有著千絲萬縷的關係[36]。那些最常自我設限的，是表面上低自尊，卻有著自戀內核的隱性自戀者，即便他們自身不一定能夠覺察到。

自戀使他們不能直視，甚至不能想像自己能力不足，也無法接受他人覺得自己能力不足。但同時也是他們低自尊的一面，讓他們在評估任務時，傾向於認為自己無法完成。

實際上，低自尊者可能不會費盡心思爲失敗提前找好藉口，因爲他們發自內心地相信自己做不好，所以反而能夠更坦然接受如約而至的壞結果。

4自我意識過高的人

我們曾多次提到自我意識這個概念。社會學家雷蒙德．克羅齊爾（Raymond Crozier）[37]指出，自我意識和有意識地自我覺察是不一樣的概念。

後者是一種具有反省性的、健康的、積極的狀態。而自我意識則是十分強烈地感覺自己存在的狀態，是一種不舒服的感覺：在下意識的假想中，自己好像始終被注視著，強烈地感受到自己的一舉一動，在人群中覺得好像所有人都在看我，這都是自我意識的表現。

自我意識強的人，不管在做什麼事，都還是會有一部分注意力，留在內在的情緒

[36]：Rhodewalt, F., Tragakis, M. W., & Finnerty, J. (2006). Narcissism and self-handicapping: Linking self-aggrandizement to behavior. Journal of Research in Personality, 40(5), 573-597

[37]：Crozier, W. R., & Russell, D. (1992). Blushing, embarrassability and self consciousness. British Journal of Social Psychology, 31(4), 343-349.

和想法上。過於在意成敗得失的自我設限者，大部分源於過高的自我意識，總覺得別人在看自己、在評價自己，甚至等著自己出醜。

如何跳出不敢努力、自我設限的循環

1有意識地降低自我意識

研究發現，當有批判性的自我意識被降低，也就是當一個人在人群中不太能感覺到自己存在的時候，被評判帶來的焦慮和不適會消失大半。

如果你也是因爲在意別人眼光，而提前爲自己留後路的自我設限者，你可能需要時不時地提醒自己：「別人沒有在注視著我，等著看我搞砸一切，別人也沒有那麼在意我的表現。」

2學習新的認知策略：防禦性悲觀

「防禦性悲觀」指的是人們在事情發生前，想像出可能的最壞情境，並爲之做好相應的準備，同時依然做出指向最好結果的努力。在心理學家茱莉·諾蘭（Julie Norem）[38]看來，防禦性悲觀是能有效降低焦慮的方式，並能幫助人們明確地解決問題或做好準備。

防禦性悲觀的前半部分看起來和自我設限的策略類似，事情發生前，想像出最壞情境，但兩者基於這種想像所做出的行爲卻是截然相反的。

練習防禦性悲觀，是指考慮和分析所有可能的最壞的情況，具體地思考可能會發生什麼，一一做出可實現的應對計畫，而不是寬泛地悲觀恐懼，沉浸在恐慌中，更不是將時間精力用在提前找好失敗的藉口上。

做一個攜帶救生衣上船的悲觀者，在最壞的情況眞實發生時，可以有條不紊地處理，而不是沉浸在自己建構的、虛幻的自我欺騙之中。

3 進行歸因訓練，建立更健康的自我概念

我們之前曾指出，面對負面結果時一味地向內歸因是不健康的，這種固定的、向

[38]：Norem, J. K., & Smith, S. (2006). Defensive Pessimism: Positive Past, Anxious Present, and Pessimistic Future.

內的歸因模式也常常出現在憂鬱症患者身上。然而，在面對問題時總是刻意地向外歸因，其實也是不可取的。

最健康的歸因方式，應該是相對平衡的——不論是好結果還是壞結果，自身和環境都對這個結果產生了一定的作用，即便兩者作用的比重可能不同。對於自我設限者而言，他們需要承認自己對結果是有影響的。

這可能有些痛苦，尤其是要承認壞結果與自身特質相關時。但這也是找回控制感的過程。

比起幻想自己不會失敗，或是即使失敗也與自己無關的自我設限者，相信自己對事物具有一定的控制感，並且能夠透過努力，對結果造成相當的影響（即便不是立刻扭轉結果），或許才是更加現實和可靠，也更利於自己成長的做法。

一言不合就封鎖

越著急離開的人，越放不下過去

這篇文章源於和一個朋友的一場有趣的對話。

她對我說，在今年之前，她都從來沒有結束過和重要他人之間的關係。她會不斷地回頭，找尋在她生命中留下過重要印記的人，與他們保持某種聯繫。很多次她都以爲自己結束了這些關係，但實際上，雙方還是在某種關係中，她還是會在一段時間後回頭。

後來，她在與心理師的關係中，也出現了這個問題。她決定和心理師結束諮商關係，但又會重新預約。再結束，再回頭，如此反覆。有一天她突然意識到，她沒有徹底離開過任何一個曾經重要過的人。

現在，我們來聊聊結束這件事。

為什麼結束很重要

專業領域對於「結束」（termination）這個話題的討論，最常出現在心理師與來訪者的關係中。其實，每個人的生命都避不開「結束」這個命題。一生中能夠始終相伴的人非常有限，就算做到了一生相伴，也會有死亡將我們分離。

甚至，有些關係的建立就是以結束為目的。除了諮商關係，常見的還有師生關係和親子關係。

這樣的關係最大的共同點在於，建立關係的目的，就是爲了讓另一方在和自己分離之後能夠獨立。當然，即便如此，結束重要關係的過程依舊十分艱難。

爲人父母之所以如此困難，也與需要完成「分離」的性質相關。如果父母永遠不眞正送走孩子，孩子不能眞正離開父母，對雙方都不是好事。

不過，只有非常重要的關係，才有結束的議題可言，因爲彼此曾深入地影響對方。那些不重要的人，其實不會意識到分離是何時到來和完成的。

結束是一個特殊的時刻

關係結束的特殊在於，這既是危機的時刻，也是發展的時刻[39]。

「結束」之所以是危機時刻，是因爲我們很多情緒性的反應會在此刻被啓動。尤其是人生中那些還沒有得到解決的、與失去有關的感受，面臨著立刻崩塌的可能。在諮詢中，這也是最容易導致問題復發的一個時間點。

人們在面臨失去重要關係的時候，往往會有痛苦的感受。如果對於結束有恐懼，或者曾經發生過不好的事情，再次面臨結束的時刻，我們會被激發過去習得的思維和行爲模式。

我們會發現已經平靜下來的自己，再次變得心情激動、充滿猜疑、逃避面對，甚至主動做出傷害對方的行爲。結束是一種刺激，啓動了許多未解決的問題。

結束也是成長的時刻，因爲很多時候，在沒有被啓動這些未解決的問題時，我們沒有機會深入理解，或者直接調整自己的不良部分。也許是由於問題發生已經太久遠

39：Quintana, S. M. (1993). Toward an expanded and updated conceptualization of termination: Implications for short-term, individual psychotherapy. Professional Psychology: Research and Practice, 24(4), 426.

了，距離現實生活很遙遠，甚至會忘記自己還存在這些問題。

只有在情緒被啓動的時刻，才會重新經歷一切，再次有機會理解那些被啓動的反應，發現還有別的處理方式，重新徹底解決問題。

為什麼結束會如此痛苦

在完形心理學的觀點中，一個人的「自我圖式」（self-schema）的建立過程中，重要他人的影響是不可或缺的，甚至可以說是最關鍵的部分。

有人說，每一次重大的告別，都伴隨著一部分自我的死去。與這些重要他人的關係，是人們很重要的自我組成成分，如果和這個人的關係結束了，自我就會出現一部分的缺失，讓人覺得自己少了一塊。關係越是深刻，這種不完整感就會顯得越強烈，甚至嚴重影響到自我認知。

因爲和這些人發生過重要的連結，所以讓人證明自己是被需要的，給了人們存在感。因此，重要關係的結束會激發大量的空虛感，並帶來自身存在感的改變。

為什麼結束過去對於一些人來說尤其難

1看起來是過去的問題，其實反映的是當下的問題

許多人不願意結束過去，是因為無法或不願和當下發生深刻的關係。

他們的表現更像是：比起當下的關係，更願意感受和過去某段關係的看重、依賴、需要。文首提到的朋友就反省到，她更願意感覺自己在過去的關係存在難以割捨的感情，但對當下的人和關係則很難感受到連結。

她自我分析道，這可能是因為過去的關係已成定局，無論好壞，都已既成事實，不存在更多傷害自己的風險。相較之下，與眼前的人建立連結的風險更大。在潛意識的控制下，她很難感受到眼前可以隨時接觸到的人，存在加深關係的重要性。

他們更願意和過去的、已經失去的人保持重要的連結感，與過去保持某種程度的持續聯繫，這是一種既不是擁有也不是完全告別的狀態，在一定程度上降低自身的孤獨感。但他們會這樣表現的原因，是他們無法處理好當下（可能的）重要關係。

有趣的是，一旦當下的關係成為過去的關係，他們就會開始試圖挽回和糾纏。他

們更願意承認過去關係的重要，因爲過去了，也就意味著確定和安全。與此同時，他們看待關係的眼光也更包容了，對於過去的關係，他們更能夠不在意、原諒，甚至接受它是有瑕疵的。

但歸根究柢，難以結束過去的人，可能是因爲他們現在有所缺失，才必須從過去找到自己需要的連結。對於他們來說，更重要的，或許不是緊握住應該結束的東西不放，而是著眼於當下。思考現在的生活缺失了什麼，才能連結到當下和未來。

想解決過去的問題，其實必須先解決當下的問題。

2每次結束都太快和太絕對

除了未意識到的、當下的失落感，難以眞正結束的人，往往由於每一次結束都太快和太絕對，這是常見的不良情況。比如一言不合就封鎖，或是沒有任何溝通機會就老死不相往來的人。

他們沒能探索那時關係中的所有訊息，做出的決定通常沒有過深思熟慮，也並非眞正衷心。草率結束關係後，一旦出現了新的訊息，或是他們注意到了之前不曾注意到的訊息時，他們的內心就會開始動搖，開始懊悔。這也解釋了爲什麼他們會反覆進入「結束—糾纏」的輪迴。

一些人總是迫切地想要立刻結束，而有些人則不那麼迫切，因為每個人對「認知閉合」需求不同[40]。這指的是一個人在一個模糊的語境／情境中，尋求確切答案的動機。相關領域的研究者認為，對於認知閉合的需求程度較低，是一種相對穩定的個人特質。

也就是說，一些人對模糊的忍耐度是更高的，他們也沒有那麼強的動機立刻獲得確定的結果；另一些人則需要立即的、確定的答案。對於後者而言，探索所有的資訊，再真正的結束是過於痛苦的事。

他們無法忍受遇到問題，得盡力付出時間與精力，探索能夠獲得的所有訊息深入思考，因為這些人害怕面對現實。他們是更不願意接受現實的人，尤其是那些無法實現的願望，可能與自身相關時，像是「我不能心想事成」「我不被需要和喜愛」。

面對現實是「好的結束」最重要的前提，沒能面對現實，就沒有「好的結束」可言。

[40] ‥ Webster, D. M., Richter, L., & Kruglanski, A. W. (1996). On leaping to conclusions when feeling tired: Mental fatigue effects on impressional primacy. Journal of experimental social psychology, 32(2), 181-195.

怎樣的結束是好的

眞正的結束，建立在人們已經探索完所有訊息的前提之下。當一個人盡可能地獲取所有的資訊，並得出複雜的結論，這樣的結束才能達成眞正意義上的認知閉合。

我能想到的理想的結束方式，或許是發生在成熟的人身上的好心分手（並不僅僅特指親密關係中的分手）。這樣的結束不一定是發生在兩個成熟的人之間，但發起方必須足夠成熟。

回到諮商關係中，倫理要求心理師不能隨意中止和來訪者的關係。只有當心理師確信，從來訪者的利益出發，持續諮詢關係已不再能夠讓對方受益，再也無法幫助到對方，甚至會傷害到對方時，才可以結束關係。

現實關係和諮詢關係不同，兩個人之間並不是委託關係，事實上，沒有人可以完全從另一個人的利益出發考慮問題。平衡兩個人的利益關係，是結束關係時很重要的環節。

好的結束，是一方眞誠地覺得，繼續這段關係將讓關係中的一方或雙方利益受損。很多時候，結束和遺棄之間只有一牆之隔。人們常常會用「我結束關係是爲了他好」安慰自己，但他們其實沒有眞正面對，爲何自己想結束這段關係的原因。沒有眞誠，幾乎很難發生好的結束。

好的結束，是雙方被賦予深入地探索此時自己的感受，討論結束爲什麼發生，可能對自己造成什麼影響。如果在關係結束的時候，雙方能夠說出自己的感受，有充分交流的空間，這段關係的結束給人的負面影響更少。

好的結束，對關係而言，也是一種好的結果，不是只有永不分離才是好結局。好的結束能讓我們從中獲得顯著的成長，加深對自身的了解，也能影響後續的人生觀和價値觀。

好的結束不會遺留太多讓自己困惑的情緒，不會壓抑太多尙未解決的情緒。儘管仍然會爲好的結束悲傷一段時間，卻不會對造成太過深遠的負面影響。

回到文章開頭的這位朋友。她說，有意思的是，當她意識到自己始終活在過去的關係裡，而忽視當下的時候；當她發現自己從沒有徹底結束過關係，理解自己這樣做的原因後，她在近一年的時間裡，徹底結束了那些過去曾經重要過的人和事。

她說，原來這才是結束的感覺。那些人沉沒到意識和記憶的深處，像所有記憶一樣，他們仍然存在，只是注意力越來越少被分配到那裡，即便想起了他們，也不再有激烈的情緒。

結束的感覺是儘管仍然還能找到他們，卻已經沒有再聯絡的衝動了。

在那之後，她開始有了更多的約會。曾經缺失的當下與未來的可能，回到了她的生命圖景裡，她開始朝著現在和未來活著，我能看出她從這些結束的過程裡，結晶化了一些感受和體驗。

她說最大的成長，是意識到以前總把無法結束的責任推給別人。現在才知道，關係的結束，不像建立關係那樣需要兩個人的共識，結束只需要自己一個人。

是他們不願意改變，還是你自己不願意改變

如何不做被動的承受者

原生家庭對人們的影響經常被提及，但很少有人提到，我們如何反過來影響父母和家庭的。這篇文章要聊一聊父母和孩子之間的相互影響和相互塑造。

我們不是，或者至少不單是被動地承受著命運，等待著它的降臨，我們還是自身命運的締造者。

孩子的氣質，影響父母對待他們的方式

親子關係是人們最初的社會關係，影響著個體日後的人際交往。尤其是在生命初期，生理需求能否及時得到滿足，影響對於外在世界與他人的信任感及安全感。當父母能夠及時回應孩子的需求時，孩子更有可能認為外在世界是安全的，長大之後也更

容易表現得不拘謹，善於與他人交往[41]。

儘管大多數幼年的記憶早已被遺忘，但這些關於愛與安全的感受早就固著在我們身上，影響著之後的人際關係，包括親密關係。

父母培養我們形成自己對世間的好惡、價值態度，提供社會交往、情緒管理等一連串社會化行爲的範本[42]。

也正是基於原生家庭對我們的影響，人們習慣將自己身上一切導致生活不順意的固有模式，和自己性格中不喜歡卻又難以改變的部分，都歸咎給家庭，怪罪父母養育我們的方式。但，我們忽略了親子間互動模式的形成，從來不是單向的。

絕大多數對父母教養方式和孩子性格形成之間關係的研究，都是相關性研究，而非必然性研究。也就是說，可能是前者（教養模式）影響了後者（性格），但也有可能是後者（性格）影響前者（教養模式）。

氣質性格，也就是所謂的性情，是那些在我們僅出生幾天的時候，就已經表現出來的脾氣性格[43]，被看作奠定了人格的最基本的趨勢特徵[44]。

在一項最新的研究中，美國心理學家莫娜·阿尤布（Mona Ayoub）和她的團隊分析了德州雙胞胎的資料[45]，其中包含四百九十七對同卵雙胞胎和九十四對異卵雙胞胎，他們的平均年齡是十三歲。資料中包括了對父母教養方式的評測，以及對孩子們性格的評測。

教養方式的評測主要集中在溫暖和壓力兩個方向上，背後分別有一系列與此對應的行爲。

而孩子們則是做了兒童版本的五大人格測試，即我們所熟知的「責任心」「宜人性」「外向性」「開放性」及「情緒穩定性」這五個面向。

研究者們預測，在同樣環境中被同對父母撫養長大的雙胞胎，基因型一致的同卵雙胞胎會受到更相似的對待，而基因型不一致的異卵雙胞胎則會感受到更有差異性的對待。

結果如他們所想，父母對性格更相似的同卵雙胞胎，教養方式是穩定且一致的；

㊶：Ainsworth, M. D. S. (1978). The Bowlby-Ainsworth attachment theory. Behavioral and brain sciences, 1(3), 436-438.

㊷：McCrae, R. R., & Costa Jr, P. T. (1994). The stability of personality: Observations and evaluations. Current directions in psychological science, 3(6), 173-175.

㊸：Jarrett, C. (2016). Personality appeared before you could talk. BBC.

㊹：McCrae, R. R., Costa Jr, P. T., Ostendorf, F., Angleitner, A., H ebí ková, M., Avia, M. D., ... & Saunders, P. R. (2000). Nature over nurture: Temperament, personality, and life span development. Journal of personality and social psychology, 78(1), 173.

㊺：Ayoub, M., Gosling, S. D., Potter, J., Shanahan, M., & Roberts, B. W. (2018). The relations between parental socioeconomic status, personality, and life outcomes. Social Psychological and Personality Science, 9(3), 338-352.

而差異較大的異卵雙胞胎們，即使在同個家庭中成長，卻感受到了父母十分不同的教養方式。

換言之，在同個家庭裡，同時期長大的孩子，也有可能會和父母建立起很不一樣的相處模式，而這種模式是雙方共同塑造的。

莫娜．阿尤布發現，在五大人格中，宜人性和責任心得分更高的孩子，父母在和他們的相處中，展現出的溫暖水準更高，壓力水準更低；在與宜人性較低或情緒穩定性較低的孩子相處時，父母的教養模式中，則表現更少的溫暖行爲，和更多的壓力行爲。

研究者認爲，孩子們展現出的不同性情，會塑造出父母性格中更匹配的一面，當這一面透過行爲表現出來後，進一步激化了孩子原始性情中的那部分。接著，孩子繼續影響父母，形成一個互相強化的、穩定的循環。如此一來，孩子與父母之間的相處模式，由雙方的互相影響共同建立。

孩子對父母的影響，從他們還未出生時就開始了

在成為父母的過程中，父親和母親都會產生一連串生理上的變化，這種變化是他們無法控制的。

在孩子出生前後，女性的大腦灰質會變得更加集中，控制「同理心」和「社會互動」的區域都會加速活躍。在懷孕期間，荷爾蒙會開始加速散發，增加她們與孩子之間的吸引力。也就是說，母親無法控制自己不對孩子產生愛意。

但與此同時，大腦中與焦慮、憂鬱、強迫、恐懼相關的區域也會被啟動。高度活躍的杏仁核，會使母親對嬰兒的需求變得極度敏感[46]。

即便未參與實際生育的過程，父親也會經歷生理上的變化。孩子剛出生的幾周，一直持續到孩子出生六個月後，父母各自的催產素都一直在提升，父親和母親的增長是同步的。研究者認為，在撫養孩子的過程中，與孩子的互動讓激素得以產生[47]。

---

[46]：Lafrance. A. (2015). What Happens to a Woman's Brain When She Becomes a Mother. The Atlantic.

[47]：Feldman, R., Weller, A., Zagoory-Sharon,O., & Levine, A. (2007). Evidence for a neuroendocrinological foundation of human affiliation plasma oxytocin levels across pregnancy and the postpartumperiod predict mother-infant bonding. Psychological Science, 18(11), 965-970.

成爲父母這件事，還會帶來性格上的、價值觀上的，甚至是人生哲學上的改變。比如，爲人父母通常伴隨著責任心和宜人性水準的提高[48]。不僅如此，個人的焦慮、憂鬱水準，以及對生活的掌控感，都會隨著獲得父母這個身分發生變化。

研究還發現，成爲父母後，人格上的改變是趨於正面還是負面，取決於他們孩子的性情是更容易相處，還是更困難的[49]。

又比如，堅持及時行樂的人生哲學的人，可能會爲了當下的享樂，做一些不會讓自己在今後受益的事，例如：肆意抽菸、喝酒，放縱自己的欲望。他們可能並不那麼在意自己會因此折損壽命，但當他們成爲了父母之後，人生哲學發生了轉變。他們開始在意自己的身體狀況，開始活得更加小心謹慎，卻甘之如飴，只爲了有更多的時間，可以見證孩子的人生。

即便教養孩子的過程中，可能會面臨各式各樣的困難和阻礙，與孩子相處的時光，依然被人們看作是人生中最具幸福感和意義感的事情之一[50]。

孩子不僅會對父親和母親分別產生影響，他們對家庭關係的形塑也有著不容忽視的作用。

在家庭系統治療的奠基者莫瑞．鮑溫（Murray Bowen）的家庭三角理論中，三角關係是維持穩定的家庭情緒的最小和最常見單位，即父母之間的關係，以及父親和母親分別和子女間的關係所組成的三角形。最健康的三角關係應該是父母相愛相敬，兩人共同愛孩子，家庭成員之間親密連結，又彼此獨立[51]。

在鮑溫的理論中，兩人系統是不穩定的，因此他們在壓力之下，將組成三人系統或三人關係，因爲兩人都試圖產生一個三角關係，減少關係中過多的焦慮。然而，三角關係的建立，不總是用於減少緊張，麥可．柯爾（Michael E. Kerr）和莫瑞．鮑溫[52]指出，家庭中的三角關係至少有四種可能的結果：

❶ 穩定的二人關係可能由於第三者的加入而動搖，比如孩子的出生爲和睦的婚姻帶來衝突。

❷ 穩定的二人關係可能由於第三者的離開而動搖，比如孩子離家，無法在父母衝突時形成三角關係，以某種方式緩解衝突。

48：Lehnart, J., Neyer, F. J., & Eccles, J. (2010). Long term e ects of social investment:The case of partnering in young adulthood. Journal of personality, 78(2), 639-670.

49：Belsky, J. (1981). Early human experience: A family perspective. Developmental Psychology, 17(1), 3.

50：Kahneman, D. (2012). Thinking, Fast and Slow (New York: Farrar, Straus and Giroux, 2011). Google Scholar.

51：Bowen, M. (1976). Theory in the practice of psychotherapy. Family therapy: Theory and practice, 4(1), 2-

52：Kerr, M. E., Bowen, M., & Kerr, M. E. (1988). Family evaluation. WW Norton & Company

❸ 第三者的加入，不穩定的二人關係變得穩定，比如孩子出生後，原本有衝突的婚姻因此變得和睦了。

❹ 去除第三者，不穩定的二人關係將變得穩定，比如因爲孩子一直在父母的衝突中偏袒某一方，他的離開反而減少了衝突。

孩子作爲這個穩定三角的組成部分，解決了部分問題，也帶來了部分問題。在他們的成長過程中，也會有意或無意地，爲父母的生命、爲這個家庭製造許多全新的命題。

即使在糟糕的家庭環境裡，也是有選擇的

有人看到這裡依然會感到絕望，天生的性情是無法自主選擇的，父母和家庭環境也不是我們能做主的，人生看起來似乎更失控了，尤其是那些認爲自己童年過得很糟糕的人。

我們能爲自己做些什麼呢？

其實，所謂好父母和糟糕父母，某種程度上都能成爲中立的成長因素。每個人成

長的道路是不一樣的，有的人經歷複雜的、混亂的環境，有的人經歷更順暢的環境。

不能否認，有客觀上更好和更差的成長環境，有問題更多和更少的區別，這是我們不能選的部分。就像是老天將你扔在了不同的成長道路上，有的可能更艱險，有的可能更順利。

然而，即便是在看似良好的家庭環境中，在生命展開之後，都會感受到家庭為我們帶來的挑戰。沒有一種原生家庭不會為孩子帶來任何挑戰，這些挑戰可能是不同的，帶來的痛苦感的強烈程度也不同，人生是無法比較的，你必須要處理自己眼前的問題，你的選擇在於，身處同樣混亂的家庭環境，也可以選擇長成不同的樣子。

哥倫比亞大學臨床心理學家柏南諾（George A. Bonanno）指出，負面的經歷和事件本身，對於預測人們未來的生活沒有什麼參考價值。

研究資料發現，曾經遭遇創傷，無法用來預估人們未來的社會生活功能，只有當人們對這些創傷性的經歷有負面的回應時，才會和未來負面的影響連結。

也就是說，即便你曾經在不健康的家庭環境中生活過，或者曾經經歷過糟糕的事件，都不表示未來必然受到影響，一直糟糕下去。決定性因素在於，你看待這些事件的角度，和回應的方式。

孩子和父母之間的關係，始終存在第三種選擇

我們不能選擇自身的性情，父母也同樣如此，他們同樣不能提前決定要賦予我們怎樣的氣質類型。我們與任何人間的互動模式，都是由雙方共同建立和塑造的，與父母也不例外。

我們與父母都無法主宰的性情，在互動模式的建立時有著很重要的作用。

「覺察」是提高自身能動性的第一步，當你意識到父母對待你的方式不是完全不可控的，你也不是被動地接受著你們之間的相處模式，你就能夠主動地做出改變。這種對改變的嘗試，是不分早晚的。

長大以後，我們常覺得父母不願意改變，其實是因爲我們仍然用一樣的方式和父母相處。吵架是常見的場景，很多人會無奈地抱怨，不論怎麼吵父母都不會聽，但其實是因爲，我們也一直在和他們吵，我們從來沒有在這個輪迴中停下來。然而，很多時候，如果我們用行爲向父母提出示範，父母也會發生變化。

不論是孩子，還是長大後的人們，經常認爲自己沒有辦法改變家庭，一是因爲我們覺得自己在是被動、無力的，在幼時塑造出的習得性無助的感受纏繞；二是因爲孩

子主觀上會有委屈的情緒，不管我們願不願意承認，我們傾向認爲父母有責任做出更多的改變，而不願意自己做出改變。

這些自身或許不一定能夠意識到的被動、無力和委屈，使得我們在和父母相處時陷入一種「是」或「否」的反應模式。但很多時候我們其實有第三種選擇。

舉例來說，很多人在面臨父母催婚時都會覺得很無助，認爲自己只有「是」或「否」的選擇。

然而，除了「痛苦接受」和「果斷拒絕」之外，我們其實還有另一種選擇：「表明立場，向父母提出新的解決方案」。比如，「我暫時沒有結婚的打算，這個階段有我想做的事。但我會儘量抽出時間多陪陪你，我也會支持你想做的事。」

當我們認識到自己在與父母之間的關係模式中的能動性，以及對父母和家庭的影響力，或許就能夠成爲先做出改變的那一方。從行爲上做出改變，而不單單是言語上，是一種成人的、友好的、自我堅定的模式。

也許從前你沒有想過，可以選擇成爲父母的行爲上的榜樣。身教的效果比言傳更好，用堅定但不包含攻擊性的態度提出改變的提議，向他們示範更健康和舒適的關係究竟是什麼樣子。

只是很多時候，孩子不甘心由自己承擔關係中更多的責任——因爲他們才是父母啊。但如果你能意識到自己對家庭的影響力，如果你願意先邁出行爲改變的這一步，對改變關係來說最有意義的一步，也許你能和父母一起，成爲受益者。

社會心理 26

長大以後就會變好嗎？

破解25種心靈困境

作　　者 KnowYourself主創們
副總編輯 鍾宜君
行銷經理 胡弘一
行銷主任 彭澤葳
行銷企劃 蔡靜緹
封面設計 bianco tsai
內頁設計 潘大智
插　　畫 Oscar tsai
校　　對 許訓彰、李韻

發 行 人 梁永煌
社　　長 謝春滿
副總經理 吳幸芳
出 版 者 今周刊出版社股份有限公司
地　　址 104臺北市中山區南京東路一段96號8樓
電　　話 886-2-2581-6196
傳　　真 886-2-2531-6438
讀者專線 886-2-2581-6196轉1
劃撥帳號 19865054
戶　　名 今周刊出版社股份有限公司
網　　址 http://www.businesstoday.com.tw

總 經 銷 大和書報股份有限公司
製版印刷 緯峰印刷股份有限公司
初版一刷 2020年9月
定　　價 340元

原著：長大了就會變好嗎？
作者：KnowYourself主創們
繪者：曹鴿子

國家圖書館出版品預行編目(CIP)資料

長大以後就會變好嗎？破解25種心靈困境 / KnowYourself主創們著. -- 初版. -- 臺北市：今周刊, 2020.09　320面；14.8×21公分. -- (社會心理；26)

ISBN 978-957-9054-71-3(平裝)

1. 青少年心理

173.2 109012634